《蒙古山水地图》（局部）

本丛书由

国家社会科学基金项目重点项目

"'丝绸之路：长安—天山廊道'的价值特征研究"（17AZD020）、

中国建设科技集团科技创新基金项目"丝路遗迹"

联合资助

"十三五"国家重点图书主题出版规划项目

中国建筑工业出版社
学术著作出版基金项目

丝路遗迹·交通篇

陈同滨　陈凌　主编

中国建筑工业出版社

审图号：GS（2021）504号
图书在版编目（CIP）数据

丝路遗迹.交通篇/陈同滨，陈凌主编.—北京：中国建筑工业出版社，2021.3
ISBN 978-7-112-25670-9

Ⅰ.①丝… Ⅱ.①陈… ②陈… Ⅲ.①丝绸之路—交通工程—文化遗址—介绍 Ⅳ.①K878

中国版本图书馆CIP数据核字（2020）第241407号

责任编辑：毋婷娴　费海玲　郑淮兵　张幼平
责任校对：王　烨

　　丝绸之路是一条跨越亚非欧三洲的古代东西方世界交通的大动脉，在人类文明史上有深远的影响，东西方的人员、物资、文化正是经由这些通路不断地往来交流，而连接这条通路的交通及相应保障设施，正是丝绸之路文明的物质见证和文明象征。
　　本书分关隘，烽燧、戍堡，驿站，道桥，屯田，港口设施，灯塔，航海祭祀遗迹等部分，重点介绍了点缀在丝绸之路上的交通遗址及其保障设施，既是具象物质文化的实在纪录，也是丝路文明回忆的重建式响应。

丝路遗迹·交通篇

陈同滨　陈　凌　主编

＊

中国建筑工业出版社出版、发行（北京海淀三里河路9号）
各地新华书店、建筑书店经销
北京方舟正佳图文设计有限公司制版
北京富诚彩色印刷有限公司印刷

＊

开本：880毫米×1230毫米　1/16　印张：15½　插页：1　字数：322千字
2021年3月第一版　　2021年3月第一次印刷
定价：**258.00元**
ISBN 978-7-112-25670-9
　　（36645）

版权所有　翻印必究
如有印装质量问题，可寄本社图书出版中心退换
（邮政编码100037）

序一

陈同滨

丝绸之路是有关人类文明发展交流史的宏大叙事；将丝绸之路作为文化遗产研究，范围几乎涉及半个地球近 2000 年的文明史迹；将丝绸之路列入《世界遗产名录》、提交全世界予以保护，是当代国际遗产界的伟大心愿。

1988 年联合国教科文组织启动的"对话之路：丝绸之路整体性研究"项目以科研活动与媒体报道相结合的方式，组织了五次国际科考活动。此后在国际古迹遗址理事会（ICOMOS）的积极推进下，经由国际和国内诸多学术界、遗产界专家学者与各国政府多年来的共同努力，2007 年中国和中亚五国正式启动了"丝绸之路"申报世界遗产的工作，即"首批行动"，2009 年进一步明确为 2 个项目：一个由中国、哈萨克斯坦和吉尔吉斯斯坦 3 国联合申报"丝绸之路：长安 – 天山廊道的路网"（Silk Roads: the Routes Network of Chang'an-Tianshan Corridor）；另一个由乌兹别克斯坦、塔吉克斯坦和土库曼斯坦 3 国联合申报"丝绸之路：片吉肯特 – 撒马尔罕廊道"（Silk Roads: Penjikent-Samarkand-Poykent Corridor）。

2013 年 1 月，中哈吉三国向联合国教科文组织（UNESCO）的世界遗产委员会提交了跨国联合申报项目"丝绸之路：长安 – 天山廊道的路网"（以下简称"天山廊道"）的提名文件，声明："'丝绸之路：长安 – 天山廊道的路网'是具备突出普遍价值的一处跨国系列文化遗产，属文化线路类型；在东亚古老文明中心中国的'中原地区'和中亚区域性文明中心之一'七河地区'之间建立起直接的、长期的联系，在整条'丝绸之路'的交流交通体系中具有起始的地位，展现了世界古代亚欧大陆上人类文明与文化发展的若干重要历史阶段，是人类经由长距离交通进行广泛的文明与文化融合、交流和对话的杰出范例，为人类的共同繁荣和发展作出显著贡献。"

2014 年 6 月 22 日第 38 届世界遗产大会上，由中哈吉跨国联合申报项目天山廊道成为第一项成功列入《世界遗产名录》（编号 1442）的丝绸之路线路遗产。对此，ICOMOS 在项目《评估报告》结论的首段评述道："三个缔约国进行跨界申报是将丝绸之路列入世界遗产名录过程中的一个重要里程碑。这是 7 年多合作努力以及更多年调查研究所取得的成果。"

世界文化遗产申报的过程，往往是一个重新发现、揭示和提升遗产价值的研究过程，也是一个保护管理水平与运行能力整体提升的工作过程。因此在申遗成功之后，往往会看到一种更高的工作标准和更为久远的挑战，尤其是在遗产价值研究方面，因位于世界遗产之列而拥有了更为广阔而深远的视野。

为此，本书基于一种承前启后的目的，对丝绸之路的遗产研究开展两部分工作：一是对"天山廊道"申遗过程中文本团队的阶段性研究成果进行整理、发表，用于回顾与总结，包括整理摘录一批重要的国际文件和工作文件；二是沿袭"天山廊道"的中国实践之一——丝绸之路线路遗产"分类"理论，分别从城镇、交通、生产、宗教、墓葬5种遗产类型开展专题研究、丰富案例资料。这一工作可将中国的丝路遗产进行较为系统的梳理，为将来进一步置入世界文明史框架下的故事讲述奠定初步基础。

丛书的编撰还涉及下列考虑：

一、丝绸之路：文化线路的概念

在我国，有关丝绸之路的学术研究长期以来基本属于东西方交通交流史和西域研究的学术范畴。1992年ICOMOS出台《文化线路国际古迹遗址理事会宪章》（*The ICOMOS Charter on Cultural Routes*），促进了丝绸之路作为文化线路遗产的探索，国际上有关丝绸之路的遗产理论应运而生，包括"主题研究报告"（2011）也进一步深化了"文化线路""系列遗产"等遗产理论。这些基于遗产保护立场而开展的有关人类文明史迹研究，开拓了一种更为讲求物质凭据与逻辑关联的、视野宏大的研究方式。据时任国际古迹遗址理事会副会长、丝绸之路申遗国际协调委员会联合主席郭旃先生回顾：2007年，ICOMOS专家受缔约国委托，起草编撰了《丝绸之路申报世界遗产概念性文件》（《概念文件》）和《主题研究报告》两份核心文件，协助缔约国和世界遗产委员会形成了世界遗产概念中对丝绸之路的时空和内涵、申报和管理模式的统一认识和路径。经缔约国完善同意，提交世界遗产委员会认可。其中《概念文件》由世界遗产顾问苏珊·丹尼尔女士（Mrs.Susan Danyer）受聘起草，资深专家亨利·克利尔博士（Dr. Henry Cleer）参与最终定稿；《主题研究报告》的主要编撰者为ICOMOS专家蒂姆·威廉姆斯（Tim Willianms）。此外，国际文件也专门提出了丝路遗产所特有的"一种特殊的'系列遗产的系列组合'（a special serial combination of serial heritages）模式，作为遗产理论的历史性创举，实现了超大型遗产线路——丝绸之路的首批申报行动的战略性突破，并为今后奠定了基础，设定了方向"。这些颇富创造性的文件对指导中国和中亚五国跨国联合申遗发挥了不可或缺的重要作用。

其中对丝绸之路作为文化遗产的定义概括如下：

"丝绸之路是东西方文明与文化的融合、交流和对话之路，是人类历史上交流内容最丰富、交通规模最大的洲际文化线路，在罗马、安息、大夏–贵霜、中国汉朝等大帝国在地中海沿岸到太平洋之间形成了一条不间断的文明地带，汇聚了古老的中国文明、印度文明、波斯–阿拉伯文明与希腊–罗马文明、中亚文明以及其后的诸多文明。"（《概念文件》）

与此同时，作为超大型文化线路遗产，丝绸之路是人类文明与文化交流融汇的伟大遗产，其遗产价值研究几乎涉及了大半部人类文明与文化发展史，包括了近2000年间发生的跨越洲际，特别是贯穿亚欧大陆东西两端诸多文明间的交流与互鉴活动，展现出这一长距离交通与交流活动对共同促进人类文明发展史的重大意义，对人类社会发展的精神信仰、商贸经济、政治势力、文化习俗与科学技术等诸多方面产生的广泛而深远的影响。这一研究的广度与综合程度都较一般的世界遗产要复杂得多，在遗产理论方面也存在诸多的挑战，特别是如何基于世界遗产的突出普遍价值（Outstanding Universal Value，简称OUV）评估标准，以一种"系列遗产"的策略，从沿用千余年，贯穿于亚欧大陆，延伸到非洲、美洲的一整套人类交通交流路网中，切分出遗产价值相对独立、时空边界相对完整的一个个路网片段（即廊道），作为丝路遗产予以保护管理，这一方式引发了一系列的新问题，包括遗产时空范畴的界定、组成要素的辨认、价值标准的确立、对比分析的范围等。由此可以看出，丝绸之路的遗产理论研究不同于学术研究的概念。

二、申遗成功后的思考

　　"天山廊道"申遗成功，给我们带来了三个明显的感受：一是"天山廊道"需要继续拓展，需要充分的物证支撑遗产的价值；二是丝绸之路申遗对文化线路遗产理论的实践需要总结，辨析不足及其成因；三是丝绸之路作为人类文明交流的伟大遗产，尚需要更广的视野、更多的研究投入，去探索和发现人类在文明交流过程中的种种智慧，为今天的文明交流带来精彩的启迪。鉴于此，有必要对"天山廊道"的文化线路理论实践与探索进行回顾、梳理和深化。

　　特别是回看《世界遗产名录》，发现"天山廊道"仍是迄今为止唯一的丝路遗产，可见丝绸之路的线路遗产研究还有许多问题要探讨。即便是"天山廊道"本身，也还有许多问题值得深化，诸如：

　　1. "天山廊道"本身的完整性问题有待深化。内容涉及遗产构成要素的进一步扩展，包括：（1）补充生产类型与墓葬类型，加强交通遗迹的系统性；（2）拓展一批可对遗产价值作出进一步支撑的预备名单项目；（3）探讨西天山地区与"天山廊道"的关联程度等。

　　2. "天山廊道"与周边其他廊道的关联问题有待深化。内容包括"天山廊道"与我国的沙漠南线、西南路线、草原路线的关联，这些路线在时空方面与"天山廊道"直接存在着不可分割的衔接甚至叠合关系，在价值特征上拥有极为密切的关联性，且分布范围必突破国境限定。

　　3. 基于丝绸之路所强调的不同文明间相互理解、对话、交流和合作的遗产价值，还应该充分揭示中国与中亚、南亚、东亚、东欧、西欧、北非等跨区域文明与文化的交流活动，以及中国作为东亚文明中心对丝绸之路的贡献与影响。或者说，无论从陆上线路还是海上线路，还有很多的丝路故事有待发现和讲述，有更多的遗产有待提交全世界予以保护。

凡此种种，显然都需要我们对丝绸之路的遗产理论开展进一步的探讨和深化，甚至包括丝绸之路的遗产整体构成原理，也还存在一系列值得探讨的问题。如何界定对丝路遗产价值有意义的地理－文化单元，以及如何依托这些单元来切分更具相对完整性的路网单元，即所谓的"廊道"？相邻遗产廊道之间的衔接关系以及丝路整体的构成模式如何建立，目前采取的切分路网、分而治之的遗产申报策略存在着重大历史事件活动轨迹的断裂问题如何应对，等等。

为此，中国建设科技集团为促进中国的丝绸之路遗产研究，在主持"丝绸之路：长安－天山廊道的路网"申遗咨询工作的基础上，特设专项课题予以深化。

三、丛书的架构

本套系列丛书作为中国建设科技集团的课题成果，继续坚持"用遗产的眼光看、从文明的角度论"，采用世界文化遗产研究的技术路线，探讨长距离交流交通对人类文明与文化发展的历史作用及其过程。即：在 2014 年的遗产理论研究基础上，以中国与周边国家、地区为主，开展更为系统的相关遗产资料收集、梳理与分类研究，辑成一套以《总论篇》与《城镇篇》《交通篇》《生产篇》《宗教篇（上）》《宗教篇（下）》《墓葬篇》等组成的系列丛书。

作为一种系统的陈述方式，总论以下各卷作为第一卷的分类研究予以展开。每卷由两部分组成：

第一部分为 1 或 2 篇主旨论文，依据总论提出的文化线路遗存分类原理，邀请专家撰写以中国为主的丝路分类遗存概况研究。我国此前从未就此角度展开过系统研究，故此每位专家均以自身的学术专长与资料积累为基础，展开程度不同的专题研究，是为探索之始。

第二部分以图文并茂的分类案例汇编为主，共选择了 290 处丝路遗存，其中绝大部分拥有国家级的保护身份，相当一部分属于世界文化遗产，故以下简称"遗产点"。考虑到目前尚缺乏全面涵盖丝绸之路的遗产理论和价值研究，本系列丛书选择以点带面的方式，遗产点收集范围明显突破主旨论文内容——在空间上以中国为主、扩至亚欧大陆或更大范围，在时段上仍遵循《概念文件》界定的丝绸之路遗产时段：公元前 2 世纪—公元 16 世纪。大量遗产点的汇编介绍，不仅是对第一部分主旨论文所涉案例基本信息的细化，更重要的是借此喻示丝绸之路的世界格局。遗产点的遴选与编撰均由中国建筑设计研究院建筑历史研究所课题组完成（遴选说明详见本书"凡例"）。

各卷撰写情况简要说明如下：

• **总论篇**

此卷由"天山廊道"申遗文本主笔人、中国建筑设计研究院建筑历史研究所名誉所长陈同滨研究员负责，尝试"用遗产的眼光看、从文明的角度论"的方式，撰写主旨论文《丝绸之路：人类文明与文化交流融汇的伟大遗产——基于文化遗产理论的丝绸之路研究》，内容是对前此"天山廊道"申遗阶段形成的研究内容进行梳理和汇总，主要包括：一、丝绸之路概念的缘起与传播；二、丝绸之路——作为文化线路类型的遗产；三、超大型的文化线路——"丝绸之路：长安－天山廊道的路网"的构成分析；四、世界遗产的突出普遍价值声明——"丝绸之路：长安－天山廊道的路网"的价值研究；五、"丝绸之路：长安－天山廊道的路网"的特征；六、超大型线路遗产的理论探索；七、结语。

论文之后收录了大量与"天山廊道"申遗相关的国际文件和文献目录。这些文件凝聚了国际资深遗产专家辛勤的探索与智慧的思考，对于了解和学习丝绸之路如何作为文化遗产、如何构成文化线路，都具有十分重要的意义。借本书出版之际以摘录的方式介绍给中国同行，希望能促成更多的学者和年轻人参与丝绸之路这一人类伟大遗产的研究与保护事业，展开诸如丝绸之路作为文化线路遗产的概念定义、时空范畴、基本构成、遗产分类、线路（廊道）特征、发展分期等专题探索，激发出遗产价值对于当代社会发展的种种意义。

• **城镇篇**

主旨论文：《丝绸之路上的都城与城镇》，由北京大学考古文博学院陈凌教授撰写，分为4章展开：一、引言；二、帝国都城与丝绸之路的开辟与繁盛；三、西域城邦与东西方文化交流；四、结语。

遗产点介绍：基于对丝绸之路遗产的主题价值——见证由大宗丝绸贸易促成的文明交流与互动，选择了70处（国内29处、国外41处）分布于丝路交通节点上的城镇遗迹，类型分为都城与城镇2大类。所谓"节点"，是相对于整个交通交流的路网而言，其中包括文化线路的交通交流端点与路网的枢纽中心，以及交通沿线、沿海的商贸重镇。故此，本卷的遗产点近30%属于世界文明史上的帝国或统一王朝的都城，即不同地域、不同时期、不同文化的文明中心，其余遗产点以地方政权的中心城镇与帝国、王朝的商贸重镇为主，也包含少量在丝绸之路的交通交流上具有突出意义的城镇遗址；同时，这些遗产点基本包含了人类文明史上主要宗教信仰的中心所在。

• **交通篇**

主旨论文：《丝绸之路上的交通与保障》，由长期工作在新疆维吾尔自治区文物局的李军副局长撰写，分为 2 章展开：一、陆上丝绸之路的开辟与构成；二、海上交通线路的开辟与构成。

遗产点介绍：基于对文化线路遗产交通特性的强调，选择了 43 处（国内 41 处、国外 2 处）分布于丝路路网上的各类交通设施与保障遗迹予以介绍，类型涉及道桥、关隘、戍堡、烽燧、驿站、屯田、港口设施、灯塔、航海祭祀等 9 种。

- **生产篇**

生产类丝路遗存依据文化线路理论，主要指丝路贸易商品的生产基地。丝绸、陶瓷和茶叶 3 大商品是世界公认的中国主要出口贸易产品。本卷特约丝绸研究和水下考古 2 位专家撰写主旨论文，分别阐述了丝绸、陶瓷两种重要商品在陆上、海上丝绸之路的贸易变迁和陆上、水下重要考古发现，以及中外文化与技术的交流。

两篇主旨论文：

《海上丝绸之路上的陶瓷生产与贸易》由国家文物局考古研究中心孟原召研究员撰写，分为 6 章展开：一、引言；二、陶瓷：海上丝绸之路上的重要商品；三、唐五代：海上陶瓷贸易的兴起；四、宋元：海上陶瓷贸易的繁荣；五、明清：海上陶瓷贸易的新发展；六、余论：腹地经济与海上丝绸之路的发展。

《丝路之绸：丝绸在丝绸之路上的作用》由中国丝绸博物馆馆长赵丰研究员撰写，分为 5 章展开：一、丝绸在丝绸之路中的地位；二、丝绸之路上的丝绸发现；三、丝路上的丝绸传播；四、丝路上的丝绸技术交流；五、结语。

遗产点介绍：由于丝路的商贸产品生产与集散基地没有受到充分重视、列为保护对象，使得公元前 2 世纪—公元 16 世纪期间的中国丝绸生产遗址遗迹（包括种植、养殖、编织与贸易集散地）几乎无处寻觅。不得已，本卷只能选择 28 处（国内 24 处、国外 4 处）以中国境内的外销瓷烧造遗迹与海上沉船遗址为主的遗址点，作为这一时期丝绸之路的生产类物证，是为遗憾！

- **宗教篇（上）**

佛教传播是在本廊道传播的各类宗教中影响最大、遗存最多的题材，特辟专卷予以论述。内容包括：

主旨论文：《丝绸之路与佛教艺术》，由中国社会科学院考古研究所李裕群研究员撰写，主要论述了佛教遗迹中的石窟寺类型，分为 6 章展开：一、绪言；二、古代西域佛教遗迹；三、河西及甘宁黄河以东石窟寺遗迹；四、中原地区佛教遗迹；五、南方地区佛教遗迹；六、古代印度、中亚及其他国家佛教遗迹。

遗产点介绍：基于佛教在本廊道的突出价值——对中国乃至整个东亚文化产生了广泛、持久的价值观影响，选择了 69 处（国内 59 处、国外 10 处）分布于亚洲丝路沿线的佛教遗迹，并在主旨论文涉及的石窟寺类型之外，适量选择了具有一定代表性的佛教建筑，作为研究内容的弥补；进而参照石窟寺的地域分区，归纳为古代西域地区佛教遗迹、河西—陇东地区佛教遗迹、中原及周边地区佛教遗迹、南方地区佛教遗迹、东北地区佛教遗迹、蒙古高原佛教遗迹、青藏高原佛教遗迹、古代印度与中亚、东北亚地区佛教遗迹共 8 片区域展开介绍。

- **宗教篇（下）**

此卷是对佛教之外的其他宗教传播的专题研究，内容包括：

主旨论文：《丝绸之路上的多元宗教》，由北京大学考古文博学院陈凌教授撰写，分为 5 章展开：一、引言；二、火祆教在丝绸之路的传播与遗存；三、摩尼教在丝绸之路的传播与遗存；四、景教在丝绸之路的传播与遗存；五、伊斯兰教在丝绸之路的传播与遗存。

遗产点介绍：基于丝路的多元文化价值特征，选择了 43 处（国内 28 处、国外 15 处）分布于中国、中亚、南亚等丝路沿线的各类宗教遗迹，包括琐罗亚斯德教（祆教）、摩尼教、景教、伊斯兰教和印度教等，其中早期传播的宗教遗迹留存至今的颇为零散，特别是摩尼教因其传教策略"尽可能利用其他已经流传深远的宗教的教义、仪式和称谓"，故在中国大多依托佛教石窟寺或佛寺进行传播。

- **墓葬篇**

主旨论文：《丝绸之路起点的特殊陵墓》，由陕西省考古研究院焦南峰研究员撰写，分为 4 章展开：（一）丝绸之路及其起点；（二）丝绸之路起点的特殊墓葬；（三）分析与认识；（四）结语。作为关中地区秦汉墓葬的考古发掘领队，作者凭借第一手资料将专题论述集中于这一地区，并首次从丝路关联价值角度予以解读。

遗产点介绍：基于墓葬类遗址对丝路相关重大历史事件的人物或不同生活方式的人群具有独特的见证作用，选择了 37 处分布于丝路沿线的墓葬遗迹，并在主旨论文涉及的关中地区帝王陵墓之外，适量增补了具有一定代表性的其他墓葬，作为分布格局的补缺；进而参照地理—文化单元的概念，分为中原地区墓葬、河西走廊及两侧地带墓葬、青藏高原地区墓葬、河套地区墓葬、西域地区墓葬、内蒙古高原地区墓葬、东南沿海地区墓葬以及欧洲及中亚、西亚墓葬展开介绍。其中包括 4 处国外的重要人物墓葬，作为研究拓展的初试。

以上生产、墓葬 2 卷的主旨论文受研究专长和实物资料的限定，论述内容有所局限，但对于开启一种新的研究角度，仍不失为一种极有意义的尝试，也促使我们意识到研究视野的拓展方向。

丝绸之路是横跨欧亚大陆的超大型文化遗产，是涉及了半个地球的人类文明与文化发展史上最重要的文化遗产，亦可谓是迄今为止全球规模最大的、内涵最丰富、同时也是最具世界意义的文化遗产。有关它的价值研究超越了国境和民族，对人类的过去、现状和未来都具有重要意义。中国作为丝绸之路的东方文明中心，有责任持续推进丝绸之路的遗产研究与保护工作，为国家的"一带一路"倡议作出应有的积极贡献。

序二

陈 凌

丝绸之路申遗经历了一个比较长的时间。不同国家的学者在此期间交流碰撞，实际上都是前人和今人智慧的结晶，因此历史上赫赫有名的丝绸之路终于在 21 世纪的某一时刻成了世界遗产。

在申遗的过程中，确实必须关照每个遗产点的价值，但又必须跳出单个遗产点的限制，有一个整体的宏观认识。至少就我个人而言，这方面的素养是远远不够的。但从另一方面说，在整个申遗过程中也学到了许多新的知识，有了一点新的思考。

就遗产本身的价值而言，与其说是遗址本身体现的，还不如说是从整体的结构体系来体现的。丝绸之路申遗包含了城镇、烽燧、宗教遗存、墓葬等不同类型的文化遗产。这些遗产点既从不同层面展现了丝绸之路的面相，同时它们各自也因为丝绸之路而被界定了意义。

城镇是一个地区的中心平台，能够比较集中地呈现一个区域的社会经济和文化水平。丝绸之路上的城镇经济和多元文化，主要还是因为居民成分的多元。来自不同地区、不同文化、不同族群的人聚居一地，在接触和交往过程中往往会碰撞出新的火花，衍生出新的文化艺术。这个过程往往是不自觉的，渐变的，因此新衍生的文化艺术中不同元素的结合更为自然，不会给人拼凑斧凿之感。这也是丝绸之路上艺术文化往往出人意表、绚烂瑰奇的原因。

墓葬反映了人们对于另一个世界的想象与认识，更是反映了现实世界的生存状态。从墓葬出土的材料中，可以看到不同族群的联系是相当紧密的。事实上，可以说丝绸之路上的族群不存在绝对的"纯粹"，往往都是你中有我，我中有你。陈寅恪先生论及北朝历史时曾经提出文化之关系较重、种族之关系较轻的观点，我想，这个观点对于丝绸之路上古代人群同样是适用的。

古代宗教既是人们的信仰，某种程度上讲也是古代意识形态的重要组成部分。丝绸之路上宗教多元，不同宗教往往相互借鉴。还可以看到，宗教在丝绸之路沿线传播的过程中，也在不断地调适，以适应不同区域的现实。这就是宗教的地方化和本土化的过程。

丝绸之路的一个必不可少的要素就是道路交通。在这次丝绸之路申遗中，明确的道路遗迹是崤函古道。曾经有人质疑，为什么丝绸之路申遗很少包含道路遗产？我的理解是：虽然遗产点中少有道路，但道路已在其中。要说明白这个问题，先得明白古代道路是怎么构成的。笼统地说，道路大致可以分为两类，一类是官道，一类是非官道。官道是主要的交通干线，所连接的是各级城镇，一般沿途配备有必要的邮驿、烽燧设施，为交通和信息传输提供安全保障。比如《新唐书·地理志》所记载的道路，主要就是这一种类型的官道。非官道是交通支线，沿途则不配备邮驿、烽燧设施。不过，两类道路并不是截然分开的，一方面是支线最终都与主干线相连，另一方面是必要的时候官方行动也可能利用非官道。因此，确定了城镇、邮驿、烽燧等要素之后，实际上也就确定了连接彼此的交通道路。当然，丝绸之路道路的意义绝不仅是物化层面的，更重要的则是道路所承载的经济、文化通道功能。

固然丝绸之路是言人人殊，但或许有一些共同的认识。就我个人的理解，丝绸之路是一种世界体系格局，丝绸之路不是固化在一定的时空之内，而是跨越时空的。支持丝绸之路跨越时空的，不仅仅是丝绸之路上文化的多元交融、绚丽多彩，更是丝绸之路背后所蕴含的包容、互鉴的精神。可以说，在丝绸之路上的每一个人都在创造着丝绸之路。不同器乐、不同声部的合奏，造就了丝绸之路宏大的交响乐章。一种器乐、一种声音，只能是独奏，不可能成为震撼人心的交响乐。我想，这就是丝绸之路辉煌的根本成因，也是可以跨越时空给予后人启迪的可贵之处。

凡例

本系列丛书共收集290处丝绸之路相关遗产点，分别归入《城镇篇》《交通篇》《生产篇》《宗教篇（上）》《宗教篇（下）》《墓葬篇》6卷予以分类介绍。有鉴于丝绸之路的遗产点在时空范围和历史文化内涵方面涉及面甚广，大多存在历史年代累叠、研究深度不足或相关价值特征研究更为欠缺等复杂情况。为此，本书以"丝绸之路：长安－天山廊道的路网"所含33处遗产点为基础，扩展至《世界遗产名录》及预备名单中与丝绸之路相关的部分遗产点，适量补充我国与丝绸之路相关的若干重要文物保护单位与个别案例，参照文化遗产的陈述模式制定下列统一编撰体例：

遗产点编撰凡例：

—遗产点的遴选范围依据丝绸之路范畴"两片三线"：陆上丝绸之路和海上丝绸之路，沙漠绿洲路线、草原路线、海上路线。

—遗产点的时间范畴依然依据UNESCO世界遗产中心2007年的《概念文件》规定，以公元前2世纪至公元16世纪为限，即以张骞出使西域为起始、至大航海时代之前为终止。

—遗产点的空间范畴受现有资料限定，以中国为重点，外扩至亚欧大陆乃至整个世界的丝绸之路分布范围。

—遗产点的分类主要依据文化线路理论，以其对丝绸之路整体价值的支撑角度，即历史功能进行归类介绍，必要时辅以地域分类。

—各类遗产点的排序以其在丝路上发挥显著作用的年代为准，忽略对最初始建年代或16世纪之后繁荣时期。

—遗产点的介绍体例包含了表格、文字、图片三种形式。其中：表格选择遗产点的基本信息予以简要表述；文字以世界遗产的"简要综述"体例结合系列集合遗产的特性编撰，由"事实性信息"和"丝路关联和价值陈述"两部分内容组成，侧重介绍遗产点与丝绸之路相关的历史信息；图片包括线图与照片，力求直观表达遗产形象。

—遗产点的介绍内容主要来自世界遗产、文物保护单位等遗产保护身份的基础材料及其研究论著。

丝路总图绘制凡例：

—丝绸之路总图的路线勾勒以表达亚欧大陆以丝绸为大宗贸易的"贸易大动脉"为主要意向，不同历史时期的路线分别以不同色彩标注；有关宗教传播、外交使者及其他重要历史事件的路线暂不予标注。

—路网节点城市以现代城市名标注，后附不同历史时代曾用名。

—节点城市之间的连线仅为交通关系示意，不对应道路地形的实际走势。

目 录

序一
序二
凡例

丝绸之路上的交通与保障

一、陆上丝绸之路的开辟与构成　002
二、海上交通线路的开辟与构成　020

道桥

崤函古道石壕段遗址
Site of Shihao Section of Xiaohan Ancient Route　032
灞桥遗址
Site of Baqiao Bridge　037
洛阳桥
Luoyang Bridge　040

关隘

新安汉函谷关遗址
Site of Han'gu Pass of the Han Dynasty in Xin'an County　050
玉门关遗址
Site of Yumen Pass　054
玉门关·河仓城遗址
Site of Hecang City, Site of Yumen Pass　058
居延遗址·肩水金关
Site of Jin Pass of Jianshui Duwei, Site of Juyan　063
柘厥关遗址
Site of Zhejue Pass　068
嘉峪关
Site of Jiayu Pass　070

戍堡

居延遗址·大湾城
Site of Dawan City, Site of Juyan　078
居延遗址·甲渠侯官
Site of Jiaqu Houguan Fortress, Site of Juyan　086
骆驼城遗址
Site of Luotuo City　090
麻札塔格戍堡遗址
Site of Mazartag Fortress　095

锁阳城遗址
Site of Suoyang City　　098
公主堡遗址
Site of Princess Fortress　　105
卡拉摩尔根遗址
Site of Karamergen　　107
蓬莱水城
Site of Penglai Water City　　112

烽燧

居延遗址・额济纳河烽燧群
Beacon Towers along Ejna River, Site of Juyan　　120
敦煌烽燧群
Beacon Towers in Dunhuang　　124
孔雀河烽燧群
Beacon Towers along Kongque River　　128
塔里木河中段烽燧群
Beacon Towers along Midstream of Tarim River　　131
巴里坤烽燧群
Beacon Towers in Barköl Kazakh Autonomous County　　137
别迭里烽燧
Bedel Beacon Tower　　140
八卦墩烽燧
Baguadun Beacon Tower　　142

驿站

悬泉置遗址
Site of Xuanquan Posthouse　　146

屯田

米兰屯田与灌溉遗址
Site of Ancient Reclamation and Canal of Miran　　154
锁阳城屯田与灌溉遗址
Site of Ancient Reclamation and Canal of Suoyang City　　156

港口设施

石湖码头遗址
Site of Shihu Dock　　160

江口码头遗址
Site of Estuary Docks　　164
怀安窑码头及怀安古接官道码头遗址
Dock of Huai'an Kilns and Dock of Ancient Road for Welcoming Officials to the Yashu of Huai'an County　　167
迥龙桥及邢港码头
Jionglong Bridge and Xinggang Docks　　170
月港遗址
Site of Yuegang Docks　　174
尸罗夫港口建筑遗址
Site of Military Complex of Siraf Port　　176
永丰库遗址
Site of Yongfeng Warehouse　　179
龙江船厂遗址
Site of Longjiang Shipyard　　185

灯塔

怀圣寺光塔
Minaret of Huaisheng Mosque　　194
圣寿宝塔
Shengshou Pagoda　　196
万寿塔
Wanshou Pagoda　　199
六胜塔
Liusheng Pagoda　　204
巴林贸易港海塔遗址
Site of Sea Tower in Bahrain Trading Port　　209

航海祭祀遗迹

南海神庙与码头遗址
Site of Nanhai God Temple with Pier　　212
真武庙
Zhenwu Temple　　219
九日山祈风石刻
Jiuri Mountain Wind-Praying Inscriptions　　222

图片来源　　228

丝绸之路上的交通与保障

李军

2014年6月，中哈吉三国联合申报的丝绸之路遗产项目在卡塔尔多哈召开的联合国教科文组织第38届世界遗产委员会会议上获得通过。丝绸之路是一条线性世界遗产，经过的路线长度大约5 000km，包括各类共33处遗迹，申报遗产区总面积为42 680hm^2，遗产区和缓冲区总面积为234 464hm^2。其中，中国境内有22处考古遗址、古建筑等遗迹，包括河南省4处、陕西省7处、甘肃省5处、新疆维吾尔自治区6处。哈萨克斯坦境内有8处遗迹，吉尔吉斯斯坦境内有3处遗迹。然而，这只是古代丝绸之路的一部分，而非全部。近年，古代丝绸之路途经的一些国家也还在为其他路段申报世界遗产积极筹备。

跨越亚非欧三洲的丝绸之路是古代东西方世界交通的大动脉，在人类文明史上有深远的影响。百余年来，丝绸之路一直是国际学术界备受关注的话题，人们一直被丝绸之路上绚烂多彩的文明所深深吸引。2014年，中哈吉三国联合申报"丝绸之路—天山廊道"世界遗产项目首获通过，丝绸之路再次引起了全世界的瞩目。

人们习惯将东西方交往的通道称为丝绸之路。实际上，广义的丝绸之路并不仅限于传统意义上的绿洲之路。今天看来，丝绸之路包括陆路的绿洲之路、草原之路，以及海上丝绸之路等三条大通道。东西方的人员、物资、文化正是经由这些通路不断地往来交流。

一、陆上丝绸之路的开辟与构成

1. 陆上丝绸之路的开辟与发展

丝绸之路的开辟在世界文明史上具有划时代意义。汉武帝建元三年（前138年）、元狩四年（前119年），张骞两度出使西域，史称"凿空"。汉通西域主要是出于政治目的，但客观上促进了东西方的文化交流。必须指出的是，所谓"张骞通西域"是就官方使节活动而言的，而东西方的往来实际上在很早以前就已经开始了。从阿凡纳羡沃文化（Afanasievo Culture）开始，中国北方地区就与南西伯利亚存在往来。安德罗诺沃文化（Anderonovo Culture）的传播、卡拉苏克文化（Karasuk Culture）的产生，都显示早期东西方文化交流广泛而深入。[1] 古代草原游牧民族的迁徙，无疑对东西方文化交流起了重要的作用。[2]

结合古代文献和考古发现，大致可以勾勒出两汉时代东西方陆路交通路线。在陆路主干线基础上，还派生出若干分支路线。

汉代东西方陆路绿洲之路交通主要干线大致是：东起长安，西出陇西，经河西走廊到达敦煌。自敦煌分南北两道。南道出阳关，沿塔里木盆地南缘，经于阗（今新疆和田）、

---

[1] 参见吉谢列夫：《南西伯利亚古代史》（油印本），莫润先译，新疆社会科学院民族研究所，1981年，上册有关章节。

[2] 国际学术界在该领域已经积累了许多重要的成果。新近的一些研究可以参考：

A. J P Mallory. *In Search of the Indo-Europeans: Language, Archaeology and Myth*, Thames and Hudson, 1989

B. K Jettmar. Cultures and Ethnic Groups West of China in the Second and First Millennia B.C., *Asian Perspectives* 114-2, 1981.

C. 徐文堪：《吐火罗人起源研究》，昆仑出版社，2005年。

皮山（今新疆皮山）、莎车（今新疆莎车），到达疏勒（今新疆喀什）；北道出玉门关（图1，图2）过白龙堆（今新疆罗布泊东北雅丹地区），抵楼兰（今新疆罗布泊西北岸），而后傍天山南麓，经焉耆（今新疆焉耆）、龟兹（今新疆库车），到达疏勒。从疏勒西越葱岭至大夏（今阿富汗北部巴克特里亚 Bactira），或向西经大宛（今中亚费尔干纳 Farghana 盆地）再往南可抵达大夏。从大宛往西经康居（今中亚阿姆河 Amu-Darya /Oxus 与锡尔河 Syrdarya/Jaxartes 之间的索格底亚那 Sogdiana）前往奄蔡（今咸海以北）。从大夏往南可到身毒（今印度），向西经安息（伊朗），可至条支（今叙利亚一带）、黎轩（埃及亚历山大城 Alexandria）。西汉晚期，汉戊己校尉曾一度想开辟从车师后国（今新疆吉木萨尔）经五船北直达玉门关的新道，以避白龙堆之阨，由于车师后王的阻挠而未果。最晚到隋代，五船新道已经发展成为陆上交通的又一条大干道（即后来的北道）。

相对而言，草原丝绸之路是比较宽泛的概念。这主要是因为：受欧亚大陆自然条件的限制，绿洲之路必须依傍山川、河流、定居点等特定的线路而行；而在广袤的草原地带，游牧民族逐水草而居，移动范围大，少有固定城邑，交通路线往往不易确定。目前所谓的草原之路，很大程度上是靠墓葬出土遗物串联起来的，也可以理解为东西方往来物品流布的范围。

魏晋南北朝时期，陆路中外交通的线较秦汉时代有了较大发展。丝绸之路除传统的南北两道外，还新开辟一条"五船新道"。东汉就有过开五船道的想法，《汉书》卷九六下《西域传下》："元始中（公元1—5年），车师后王国有新道，出五船北，通玉门关，往来差近，

图1　玉门关遗址

图2　玉门关遗址出土粟特文书

戊己校尉徐普欲开以省道里半，避白龙堆之厄。"因车师后王姑句的阻挠而未获成功。《三国志》卷三〇《魏书·乌丸鲜卑东夷传》注引《魏略·西戎传》：

> 从敦煌玉门关入西域，前有二道，今有三道。从玉门关西出，经婼羌转西，越葱岭，经县度，入大月氏，为南道。从玉门关西出，发都护井，回三陇沙北头，经居卢仓，从沙西井转西北，过龙堆，到故楼兰，转西诣龟兹，至葱岭，为中道。从玉门关西北出，经横坑，辟三陇沙及龙堆，出五船北，到车师界戊己校尉所治高昌，转西与中道合龟兹，为新道。

魏晋时期新开辟的五船道，发展至隋，成为经由伊吾（哈密）西去，傍天山北麓，渡北流河水（碎叶川），至拂菻国（东罗马拜占庭帝国），达于西海（地中海）的北道。[1]

巴基斯坦北部地区现存大量岩画、石刻。喀拉昆仑公路沿线尚存几处汉文题记。[2] 其中，洪扎河畔一处题记十二字"大魏使谷巍龙今向迷密使去"，乃是5世纪中叶北魏使者前往中亚米国（今塔吉克斯坦片治肯特）途中所记。其经行路线当是汉代通往罽宾、乌弋山离的旧道，即从新疆皮山向西南，溯塔斯洪河而上，经吐孜拉克达阪，转向西至阿喀孜达阪，沿今公路线，溯哈拉斯坦河，直至麻扎。由麻扎顺叶尔羌河向西北经阿拉萨勒，转向西南，越中巴边境，至星峡尔，再沿星峡尔河往西至洪扎河畔。[3]

由于南北政权的对立，东晋南朝与西域的交往还通过从益州（今四川）至鄯善（今新疆若羌）的"河南道"进行。

南朝刘宋昙无竭于永初元年（420年）远适西方，"初至河南国，仍出海西郡，进入流沙，到高昌郡"。[4] 所走的应该也是"河南道"。北魏孝明帝神龟元年（518年）宋云、惠生西使亦经由此道。[5]

唐贾耽在前代资料基础上，结合鸿胪寺记录，撰成《皇华四达记》，"其入四夷之路与关戍走集最要者七：一曰营州入安东道，二曰登州海行入高丽渤海道，三曰夏州塞外通大同云中道，四曰中受降城入回鹘道，五曰安西入西域道，六曰安南通天竺道，七曰广州通海夷道。其山川聚落，封略远近，皆概举其目"。[6] 这七条通道基本涵盖了陆上、海上丝绸之路的主要框架。

魏晋隋唐时期佛教繁盛，大批西域僧侣远涉东土，而中原高僧西行求法也络绎不绝。东西往来的高僧大德行迹的记载，极大丰富了人们关于丝绸之路交通线路的认识。其中较为重要的有《法显传》（图3）、《大唐西域记》（图4，图5）、《慧超往五天竺国传》、《悟空行纪》等。而10世纪以后，阿拉伯世界关于中亚地区的历史地理记载既可以和中文资料相印证，也增加了许多重要信息。

---

1 《隋书》卷六七《裴矩传》。
2 关于该地区的调查资料，参见 *Antiquities of Northern Pakistan*, vol. 1–4, edited by Karl Jettmar, Verlag Philipp von Zabern, Mainz, 1989–2000.
3 马雍：《巴基斯坦北部所见"大魏"使者的岩刻题记》，载氏著《西域史地文物丛考》，文物出版社，1990年，页129–137。
4 [梁]慧皎撰，汤用彤校注：《高僧传》卷三《昙无竭传》，中华书局，1992年，页93。
5 [北魏]杨衒之撰，周祖谟校释：《洛阳伽蓝记校释》卷五，中华书局，1963年，页183–185。
6 《旧唐书》卷一三八《贾耽传》、《新唐书》卷一六六《贾耽传》、卷四十三下《地理志七下》。

图3 《法显传》宋刻本首页

图4 玄奘法师像

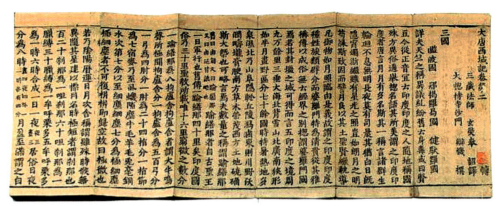

图5 大唐西域记

2. 陆上丝绸之路的地理环境与路网

地理环境是人类活动的基本空间前提，在相当大程度上形塑和制约了人们的生产生活方式。法国年鉴学派大师费尔南·布罗代尔（Fernand Braudel）在其巨著《菲利普二世时代的地中海和地中海世界》中花费了大量的篇幅论述地理因素的深层次作用。在布罗代尔看来，人类同地球环境斗争的历史，构成为历史长期的连续性；而地理环境又有助于人们认识了解历史的真实面目。从长时段看，一些特殊地区的地理环境因素对人类的影响表现得尤为突出。

内陆欧亚地带自古以来以气候干燥、降雨量稀少著称。由于大气环流不能把较多的水气输送到欧亚内陆，因此不能以降雨的形式释放大气中的水分，而帕米尔高原及周围的隆起地带又对湿润气流的北上有重要的阻挡作用。在长期干旱条件下，高山夹峙的高原、盆地及山前冲积扇地带由于强劲的风蚀作用形成戈壁，而原先积存着丰富的疏松成沙物质的地带则在风力作用下形成沙漠。著名的塔克拉玛干沙漠即是在极端干旱条件下，受高度在12m、风速有时高达30m/s的扬沙风作用下形成的。新疆地处欧亚大陆中心，四周有阿尔泰山、帕米尔山、喀喇昆仑山、昆仑山、阿尔金山等高山环绕。天山横亘中央，把新疆分割为南北两大部分，形成三山两盆的地理格局。而在平行山脉之间则为一系列大小不等的山间盆地和谷地，如拜城、焉耆、吐鲁番、哈密及尤勒都斯等盆地，伊犁、乌什等谷地。

因远离海洋，高山环抱，新疆气候具有典型的干旱气候特征。新疆的平均降水量为145mm，为中国年平均降水量630mm的23%，不但低于全国平均值，也是地球上同纬度地区最少的。即使是南北疆也存在巨大差异。北疆平原区为150～200mm，西部可达250～300mm。南疆平原在70mm以下，最少的托克逊只有7mm。北疆中山带以上年降水量为400～600mm。伊犁谷地个别迎风坡可达1 000mm。天山南坡中山带以上年降水量为300～500mm。昆仑山北坡年降水一般为200～400mm，局部迎风坡可达500mm。夏季山区降水直接形成径流，汇入河道，是农业灌溉的主要水源。新疆农田用水80%来自河流。冬季山区积雪融化，成为春季河流主要的水源。[1]

---

1 新疆维吾尔自治区第二测绘院：《新疆维吾尔自治区地图集》，中国地图出版社，2009年。

雪山地貌

沙漠地貌

盐壳地貌

雅丹地貌

图6 丝绸之路沿线自然环境

　　新疆的地理条件决定了北疆适宜游牧，南疆适于定居。丝绸之路沿线所经的不同地区也因各自的地理环境差异，深刻地影响了各自的文化面貌。丝绸之路中段，亦即主要是环塔里木盆地周缘，依靠着雪山融水和地下水，形成了星星点点的、由沙漠、戈壁、高山包环的绿洲（图6）。自然地理和气候条件的不同，根本上决定了绿洲文明的生产和生活方式与草原地带有较大的差异。笼统而言，草原地带的居民主要是逐水草而居的游牧生活，绿洲地区的居民则是半游牧半农耕生活方式（图7，图8）。星散在各处河流绿洲的定居点之间连接成为丝绸之路新疆段的基本道路网。丝绸之路，特别是新疆、中亚地区高山、沙漠、戈壁等特殊的地理环境，也决定了这些区域的路网基本固定，变动不大。

　　应该说，丝绸之路最为艰难的路线还是沿着塔里木盆地南北沿的通道，因为这里遍布着沙漠、戈壁，自然条件恶劣。我们不妨看一看古人的几则叙述。公元5世纪西行求法高僧法显在其所著的《佛国记》中写道："沙河中多有恶鬼、热风、遇则皆死，无一全者。

图7　新疆高山绿洲牧场

图8　新疆河谷绿洲农业

上无飞鸟,下无走兽。遍望极目,欲求度处,则莫知所拟,唯以死人枯骨为标识耳。"此后一百多年,隋代裴矩也在其所著《西域图记》说:"在西州高昌县东,东南去瓜州一千三百里,并沙碛之地,水草难行,四面危,道路不可准记,行人唯以人畜骸骨及驼马粪为标验。以其地道路恶,人畜即不约行,曾有人于碛内时闻人唤声,不见形,亦有歌哭声,数失人,瞬息之闲不知所在,由此数有死亡。盖魑魅魍魉也。"法显、裴矩所描述的还只是新疆东部的戈壁、沙漠,而塔克拉玛干要远比这里危险得多。13世纪,马可·波罗在游记中提及罗布泊一带时称:"沙漠中无食可觅,故禽兽绝迹。然有一奇事,请为君等述之。行人夜中骑行渡沙漠时,设有一人因寝息,或因他故落后,迨至重行,欲觅其同伴时,则闻鬼语,类其同伴之声。有时鬼呼其名,数次使其失道。由是丧命者为数已多。甚至日间亦闻鬼言,有时闻乐声,其中鼓声尤显。渡漠情形困难如此。"(图9)

图9　戈壁沙漠

3. 陆上丝绸之路保障设施

在世界遗产会议上,世界遗产委员会对丝绸之路天山廊道作出这样的评价:

> 丝绸之路见证了公元前 2 世纪至公元 16 世纪期间,亚欧大陆经济、文化、社会发展之间的交流,尤其是游牧与农耕文明之间的交流;它在长途贸易推动大型城镇和城市发展、水利管理系统支撑交通贸易等方面是一个出色的范例;它与张骞出使西域等重大历史事件直接相关,深刻反映出佛教、摩尼教、袄教等宗教和城市规划思想等在古代中国和中亚等地区的传播。

在遗产申报过程中,国际专家还着重强调:正是由于中原王朝的有效管理保障了丝绸之路的通畅。

国际世界遗产专家的这些评价指出了丝绸之路天山廊道一些重要的方面,尤其关键的是,强调了中原王朝开辟和维系丝绸之路的决定性作用。这一点特别值得注意。《汉书·西域传》有这样一段话:

> 汉兴至于孝武,事征四夷,广威德,而张骞始开西域之迹。其后骠骑将军击破匈奴右地,降浑邪、休屠王,遂空其地,始筑令居以西,初置酒泉郡,后稍发徙民充实之,分置武威、张掖、敦煌,列四郡,据两关焉。自贰师将军伐大宛之后,西域震惧,多遣使来贡献。汉使西域者益得职。于是自敦煌西至盐泽,往往起亭,而轮台、渠犁皆有田卒数百人,置使者校尉领护,以给使外国者。

这里所说的"给使外国者"就是对东西往来使者的一种物质和安全保障。中央政权管理西域、保障丝绸之路畅通,是由在西域地区建立的一套城镇、烽燧、屯田等军政系统而实现的。

汉代经营西域,一般说来是先是军事行动占领据点,随之即在后方修筑亭障,接着进一步向西拓展,扩大声威,按照这样的步骤有节奏地推进。汉朝中央政府为了巩固边防,在河西和西域重要的交通线上修筑了许多关垒和烽燧亭障。这些设施,既有军事防御保障功能,还兼具管理交通运输的责任。在重要的地点还设置关城,稽查行旅。(图10)

张骞向汉武帝提出经营西域的方略:

> 臣居匈奴中,闻乌孙王号昆莫。昆莫父难兜靡本与大月氏俱在祁连、敦煌间,小国也。大月氏攻杀难兜靡,夺其地,人民亡走匈奴。

麻扎塔格戍堡遗址

甲渠侯官障城遗址

马圈湾遗址

地湾城遗址

大湾城遗址

玉门关大方盘城遗址

图10　关垒亭障

> 子昆莫新生，傅父布就翖侯抱亡置草中，为求食，还，见狼乳之，又乌衔肉翔其旁，以为神，遂持归匈奴，单于爱养之。及壮，以其父民众与昆莫，使将兵，数有功。时，月氏已为匈奴所破，西击塞王。塞王南走远徙，月氏居其地。昆莫既健，自请单于报父怨，遂西攻破大月氏。大月氏复西走，徙大夏地。昆莫略其众，因留居，兵稍强，会单于死，不肯复朝事匈奴。匈奴遣兵击之，不胜，益以为神而远之。今单于新困于汉，而昆莫地空。蛮夷恋故地，又贪汉物，诚以此时厚赂乌孙，招以东居故地，汉遣公主为夫人，结昆弟，其势宜听，则是断匈奴右臂也。既连乌孙，自其西大夏之属皆可招来而为外臣。

这个主张的要点概括起来就是，一要结连乌孙以断匈奴右臂，二要以乌孙为据点招徕更西面的国家。

元狩二年（前121年），霍去病两出陇西，大败匈奴。同年，匈奴浑邪王杀休屠王，领数万人来降，汉王朝控制河西地区。于是，"始筑令居以西，初置酒泉郡，后稍发徙民充实之，分置武威、张掖、敦煌，列四郡，据两关焉"（《汉书·西域传上》）。汉"筑令居以西"，即从今令居（今甘肃永登县）往西开始修筑亭障直至酒泉。[1] 这一举措保证了汉王朝得以在西域采取进一步的军事行动。

元封三年（前108年），汉伐楼兰，"虏楼兰王遂破姑师，因暴兵威以动乌孙、大宛之属。还，封破奴为浞野侯，恢为浩侯。于是汉列亭障至玉门矣"。亭障系统进一步向前延伸至玉门（玉门都尉治所）一带。

敦煌出土的汉简中，有一枚天汉三年（前98）简及太始元年（前96）简（《敦煌汉简》2165、1948号），[2] 简文称：

> 天汉三年十月 隧长赵睑居平望
> □己酉，其十石五斗在任君所。天汉三年□
> □□□遂为君已入大石四石一斗，少大

又：

> □太始元年十二月辛丑朔戊午，煎都亭□

平望当为烽燧名，太始元年为公元前96年。煎都亭为敦煌玉门都尉大煎都亭侯官属亭，地点在敦煌西吐火洛泉一带。吐火洛泉T5烽燧（斯坦因编号，甘肃文物考古所编为D5）

1　《汉书》卷六十一《张骞传》注引臣瓒注："令居，县名也，属金城。筑塞西至酒泉也。"
2　甘肃省文物考古研究所：《敦煌汉简》，中华书局，1961年。

曾出土一枚简牍，上有"大煎都隧长"字样。这些简牍证明了文献所说元封三年以后"汉列亭障至玉门矣"并非虚言。

元封五年（前106年），汉武帝因为"名臣文武欲尽"，开始筹划征讨西域：[1]

> 诏曰："盖有非常之功，必待非常之人，故马或奔踶而致千里，士或有负俗之累而立功名。夫泛驾之马，跅弛之士，亦在御之而已。其令州、郡察吏、民有茂材、异等可为将、相及使绝国者。"

太初元年（前104年），贰师将军李广利伐大宛，如前文记载："自贰师将军伐大宛之后，西域震惧，多遣使来贡献。汉使西域者益得职。于是自敦煌西至盐泽，往往起亭，而轮台、渠犁皆有田卒数百人，置使者校尉领护，以给使外国者"。据《史记·大宛列传》，这是汉降大宛之后岁余，亦即天汉元年（前100年）发生的事。也就是说，从元狩二年到天汉元年的20年时间里，汉王朝所设置的亭障系统就从令居以西，经酒泉、敦煌、玉门，向西一直延伸到了罗布泊一带。征和四年（前89年）桑弘羊等又请筑连城以西，《水经注》卷一载：

> 敦薨之水，自海西迳尉犁国。国治尉犁城，西去都护治所三百里，北去焉耆百里。其水又西出沙山铁关谷。又西南流，迳连城别注，裂以为田。桑弘羊曰：臣愚以为连城以西，可遣屯田，以威西国。即此处也。

此事由于武帝痛下罪己诏而没有最终实现。到宣帝以后，西域在汉朝控制之下，烽燧组织和城垒关卡遂遍及西域各地。

西汉时期，西域主要的交通线分南、北两道。南道出阳关，往西，取道鄯善（今若羌县附近），沿车尔臣河的古代河岸，经过且末（今且末县附近）、精绝（今民丰县北尼雅河末端）、抒弥（今于田县北沙漠中）、于阗（今和田县附近）、皮山（今皮山县附近），至莎车（今莎车县附近），再由莎车往西，越过葱岭，到达大月氏。北道出敦煌，往西，绕过三陇沙（今疏勒河西端沙漠）之北，横越白龙堆（今罗布淖尔东北岸雅丹地带），经楼兰（今罗布淖尔北岸），折向北至车师前国（今吐鲁番市附近），再转向西南，沿塔里木河古代河谷，取道焉耆（今焉耆县附近）、龟兹（今库车县附近）、姑墨（今阿克苏市附近），再往西南，至疏勒（今疏勒县附近）。由疏勒往西，越过葱岭，到达大宛。西汉末年，为了绕过三陇沙和白龙堆这段比较艰险的路段，又开辟一条新北道，出敦煌以后，直接向北，取道伊吾（今哈密附近），越过博格达山，经过车师后国（今吉木萨尔县附近），然后沿天山北麓往西直达乌孙。新北道也可从伊吾往西到达车师前国而与

---

[1] 《汉书》卷五《武帝本纪》。

旧北道合。汉朝的城垒烽燧就分布在上述这几条交通线上。现在，在孔雀河沿岸仍然保存有十余处烽燧遗迹（图11）。

1928年，北京大学黄文弼先生在罗布泊地区考察时，曾在土垠周围调查发掘了几处汉代的烽燧遗迹，获得一批漆器、纺织品，以及简牍文书。其中最晚一件纪年简牍为汉成帝

脱西克烽燧

脱西克西烽燧

克亚克库都克烽燧

库木什烽燧

亚克仑烽燧

孙基烽燧

阿克吾尔地克烽燧

图11　孔雀河沿岸烽燧遗址

元延元年。更有意思的是，黄文弼还拾得一枚简牍，上面书写的内容是《论语》的片断。[1] 这表明，随着汉军的进驻，中原的传统文化也随之渐次输入西域。

关于汉王朝在西域建立一系列军事、交通保障设施，还有一件重要文物是《汉龟兹左将军刘平国作亭诵》刻石（图12）。该刻石在拜城县东北喀拉达格山麓的崖壁上。清光绪五年（1879年），张曜督师乌鲁木齐，行军中无意发现后才得以为世人所知。由于长年风雨剥蚀，刻石文字日渐模糊。其文如下：

龟兹左将军刘平国以七月廿六日发家
从秦人孟伯山狄虎贲赵当卑万阿羌
石当卑程阿羌等六人共来作列亭从
□□关八月一日始斫岩作孔至十日
□坚固万岁人民喜长寿亿年宜
子孙永寿四年八月甲戌朔十二日
乙酉直建纪此东乌累关城皆
将军所作也俱披山□

图12 《汉龟兹左将军刘平国作亭诵》刻石拓文

永寿为东汉桓帝年号，永寿四年即公元158年。是年六月改元延熹，碑文作于八月，是因为西域得到改元的信息较晚所致。从这件刻石可知，在西域建亭障的工作持续到后汉还在进行。现在河西、新疆境内的边塞长城、亭障烽燧，主要是汉、唐时代的遗迹。

20世纪，在河西地区额济纳河流域破城子汉代居延都尉府甲渠侯官、肩水金关、马圈湾等处烽燧发现了大量简牍文书，为西域史提供了许多宝贵的资料（图13）。其中，甲渠侯官治所发掘了鄣坞、烽火台等遗址。烽火台附近发现备燃的积薪和作信号用的桔槔（图14）。鄣坞周围还发现虎落遗迹。尤其值得一提的是，甲渠侯官遗址的第十六号房基内，发现了十七枚各长38.5cm、宽1.5cm的一组简册，册末标明为《塞上蓬火品约》。[2]《塞上蓬火品约》为烽燧举火制度提供了详细的资料。

两汉在西域建关垒亭障烽燧的同时，还在驻军地点开辟屯田。屯田既为驻守的军队提供了粮食，也为往来的使者提供给养。《史记·大宛列传》："而汉发使十馀辈至宛西诸外国，求奇物，因风览以伐宛之威德。而敦煌置酒泉都尉；西至盐水，往往有亭。而仑头有田卒数百人，因置使者护田积粟，以给使外国者。"两汉在西域屯田范围及乎天山南北，远届伊塞克湖，计有轮台、渠犁、伊循、赤谷、交河、焉者、高昌、姑墨、北胥鞬、金满城、柳中、且固、伊吾庐等十余处（图15）。黄文弼在罗布泊北岸烽燧遗址中发现过四枚简牍：

---

[1] 黄文弼：《罗布淖尔考古记》，国立北平大学，1948年，第107页。

[2] 甘肃省居延考古队简册整理小组：《"塞上烽火品约"释文》，《考古》1979年第4期。

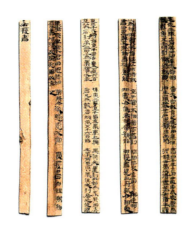
图13　居延遗址汉简

图14　积薪（玉门关遗址后坑墩附近）

图15　米兰屯田与灌溉遗址分布图

简13　居卢訾仓以邮行

简16　（前缺）交河曲仓守丞衡移居卢訾仓

简15　（前缺）河平四年十一月庚戌朔辛酉到守居卢訾仓车师戊
校（后缺）交河壁

简17　元延五年二月甲辰朔己未□□□土□尉临居卢訾仓以□□

□□□□□□□□□己卯□□□□□□即日到守

其中的居卢訾仓见诸文献。《汉书》卷九十六下《西域传下》："汉遣破羌将军辛武贤将兵万五千人至敦煌，遣使者案行表，穿卑鞮侯井以西，欲通渠转谷，积居庐仓以讨之。"又《魏略·西戎传》述西域三道时称："从玉门关西出，发都护井，回三陇沙北头，经居卢仓，从沙西井转西北，过龙堆，到故楼兰，转西诣龟兹，至葱岭，为中道。"可见，在丝绸之路要道上的居卢仓是汉军一处屯田积谷的重要地点。

《后汉书·西域传》概括汉代经营西域的大略，称：

> 西域风土之载，前古未闻也。汉世张骞怀致远之略，班超奋封侯之志，终能立功西遐，羁服外域。自兵威之所肃服，财赂之所怀诱，莫不献方奇，纳爱质，露顶肘行，东向而朝天子。故设戊己之官，分任其事；建都护之帅，总领其权。先驯则赏籯金以赐龟绶，后服则系头颡而衅北阙。立屯田于膏腴之野，列邮置于要害之路。驰命走驿，不绝于时月；商胡贩客，日款于塞下。其后甘英乃抵条支而历安息，临西海以望大秦，拒玉门、阳关者四万余里，靡不周尽焉。

特别点出了"立屯田于膏腴之野，列邮置于要害之路"两项重要举措。在河西、西域地区建立邮置系统，为信息传输通畅提供了有效的保障。近年在甘肃发现的悬泉置遗址出土的大量文书充分说明了邮置系统所发挥的重要功能。

悬泉见诸文献记载。《元和郡县图志》载："悬泉水，在县东一百三十里，出龙勒山腹，汉将李广（利）伐大宛还，士众渴乏，引佩刀刺山，飞泉涌出，即此也。水有灵，车马大至即出多，小至即出尖。"敦煌遗书《沙州督府图经》载："悬泉水，在州东一百世里，出于石崖腹中，其泉傍出细流，一里许即绝。人马多至水即多，人马少至水出即少。《西凉录·异物志》云：汉贰师将军李广利西伐大宛，迴至此山，兵士众渴乏，广乃以掌拓山，仰天悲誓，以佩剑刺山，飞泉涌出，以济三军。人多皆足，人少不盈。侧出悬崖，故曰悬泉。"（图16）又有悬泉驿："在州东一百卌五里，旧是山南空谷驿，唐永淳二年录奏，奉敕移就山北悬泉谷置。西去其头驿八十里，东去鱼泉驿卌里，同前奉敕移废。"（图17）

悬泉置共出土简牍 35 000 余枚，其中有字者 23 000 余枚。简牍文书按内容，分为 15 类近百种，如书类有诏书和郡、县、乡、置等各级官府文书。包括从中央到地方、基层逐级定期和不定期、上报和下发的各类文书。品令类有律、令、法、品、科等条文，包括从中央到地方的法规和邮置系统的各项制度规定等。司法爰书类有司法案件的爰书、劾状和文件等。簿籍类有各种名籍、邮置道里簿、察食簿、日作簿等。还有邮书、邮书课、符、传、

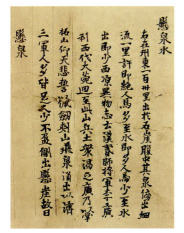

图16 敦煌藏经《沙州督府图经》中关于悬泉水的记载

图17 悬泉置遗址

图18 悬泉置遗址出土有关汉代邮驿制度的汉简

过所、奏、记、檄、致、信札等。悬泉置出土的这些简牍反映了邮驿系统在政令的传达中所起到的作用,以及在丝绸之路上迎来送往中所起到的作用(图18)。

《沙州督府图经》对悬泉的记载表明,悬泉置到唐代还在使用。不仅如此,《图经》中还提到了悬泉周边几处重要的驿站。另外,在唐代史料记载的西域地区的馆驿还有济浊馆、谒者馆、羯饭馆、葫芦馆、吕光馆、新城馆、龙泉馆,等等。

如同前朝一样,为了保障丝绸之路的安全,唐代在沿线也起烽燧、戍堡。见诸正史的粟楼烽一般认为就是今天位于新疆乌什县的别迭里烽燧(图19)。位于今新疆新和、库车交界处的玉奇吐尔、夏合吐尔遗址,即是唐代文献记载的出安西都护府以西的柘厥关。不过,由于线路上的局部调整,唐代的烽燧线在一些区域和汉代的烽燧线有所不同。而且,随着唐王朝在天山以北控制力的加强,在天山南北的一些通道上也广置烽燧。

唐代在西域地区布置重兵,形成了不同层级的管理体系。这些军政建置的设立本是为了巩固西域地区的统治,但客观上也促进了丝绸之路的安全和繁盛。《新唐书》卷五十《兵志》:"唐初,兵之戍边者,大曰军,小曰守捉,曰城,曰镇,而总之者曰道。"从另一方面来看,军、守捉、城、镇,辅之以烽燧、戍堡警戒系统,大体构成唐代西域的主要道路框架。

《新唐书》卷四十《地理志四》:

> 有天山军,开元二年置。自州西南有南平、安昌两城,百二十里至天山西南入谷,经礌石碛,二百二十里至银山碛;又四十里至焉耆界吕光馆;又经盘石百里,有张三城守捉;又西南百四十五里经新城馆,渡淡河,至焉耆镇城。

图19　唐代别迭里烽燧

又：

> 自庭州西延城西六十里有沙钵城守捉，又有冯洛守捉；又八十里有耶勒城守捉，又八十里有俱六城守捉，又百里至轮台县，又百五十里有张堡城守捉，又渡里移得建河，七十里有乌宰守捉，又渡白杨河，七十里有清镇军城，又渡叶叶河，七十里有叶河守捉，又渡黑水，七十里有黑水守捉，又七十里有东林守捉，又七十里有西林守捉；又经黄草泊、大漠、小碛，渡石漆河，逾车岭，至弓月城；过思浑川、蛰失蜜城，渡伊丽河，一名帝帝河，至碎叶界；又西行千里至碎叶城，水皆北流入碛及入夷播海。

又：

> 有保大军，屯碎叶城；于阗东界有兰城、坎城二守捉城，西有葱岭守捉城，有胡弩、固城、吉良三镇，东有且末镇，西南有皮山镇；焉耆西有于术、榆林、龙泉、东夷僻、西夷僻、赤岸六守捉城。

从上面这些记载，不难看出军、守捉、城、镇、烽燧、戍堡在唐代丝绸之路交通线上所起的重要作用。

4. 陆上丝绸之路与东西方文化交流

汉代丝绸之路开辟以后，随着人员往来的日益增多，文化的交流和物品的流通更为广泛而多样。仅就物品而言，迄今发现的汉代从丝绸之路输入中国境内的物品，分布范围遍及中国大多数省份。丝绸之路的影响可见一斑。

魏晋南北朝时期，随着中外交流的扩大，大批的外国人流寓入华。杨衒之《洛阳伽蓝记》卷三龙华寺条下：

> 永桥以南，圜丘以北，伊、洛之间，夹御道有四夷馆。道东有四馆。一名金陵，二名燕然，三名扶桑，四名崦嵫。道西有四里：一曰归正，二曰归德，三曰慕化，四曰慕义。吴人投国者处金陵馆，三年已后，赐宅归正里……北夷来附者处燕然馆，三年已后，赐宅归德里。正光元年，蠕蠕主郁久闾阿那肱来朝，执事者莫知所处。中书舍人常景议云："咸宁中，单于来朝，晋世处之王公特进之下，可班那肱蕃王仪同之间。"朝廷从其议，又处之燕然馆，赐宅归德里。北夷酋长遣子入侍者，常秋来春去，避中国之热，时人谓之雁臣。东夷来附者处扶桑馆，赐宅慕化里。西夷来附者处崦嵫馆，赐宅慕义里。自葱岭已西，至於大秦，百国千城，莫不款附，商胡贩客，日奔塞下，所谓尽天地之区已。乐中国土风，因而宅者，不可胜数。是以附化之民，万有餘家。门巷修整，阊阖填列，青槐荫陌，绿树垂庭，天下难得之货，咸悉在焉。

又同书卷四永明寺条下：

> 永明寺，宣武皇帝所立也，在大觉寺东。时佛法经像，盛於洛阳，异国沙门，咸来辐辏，负锡持经，适兹乐土，世宗故立此寺以憩之。房庑连亘，一千餘间。庭列脩竹，檐拂高松，奇花异草，骈阗堦砌。百国沙门三千餘人，西域远者，乃至大秦国，尽天地之西垂，耕耘绩纺，百姓野居，邑屋相望，衣服车马，拟仪中国。

近年在宁夏、陕西、山西等地发现的粟特人墓葬，佐证了史籍所载非虚。而人物的流动，必然相应引致物质、技术乃至文化、艺术的流通。隋唐时代，丝绸之路臻于极盛，其间东西方文化交流之深之广，更是远超前代。这方面的内容本丛书其他卷册别有专论，此处不多论列。

二、海上交通线路的开辟与构成

1. 海上交通线路航路与港口

随着航海技术的进步,汉代也渐次开辟了通过南海、印度洋航路与西方交往的海上通路。武帝元鼎六年(前111年),汉平南越,置南海等九郡。从日南(治在今越南广治Quang Tri附近)、徐闻(今广东徐闻附近)、合浦(今广西合浦东北)等港口出发,沿近海航行,经都元(今越南迪石Rach Gia一带)、邑卢没(今泰国古港佛统Nakon Pahtom),抵达谌离(今泰国巴蜀Prachup),再从陆路穿过克拉地峡到达夫甘都卢(今缅甸丹那沙林Tenasserim),然后在印度洋换航至黄支(今印度甘吉布勒姆Kanchipuram)。从黄支再往南经已程不国(今斯里兰卡),向东穿过马六甲海峡,经皮宗(今新加坡以西皮散岛Pulau Pisang),即可返航归抵日南象林地界(今城南维州县南Duy Xuyen)。已程不国是当时汉使所到最远的地方[1]。汉顺帝永建六年(131年),叶调国(Yava-dvipa,今印尼爪哇岛)遣使进献。这表明东汉时期中国和印度洋的海上往来依然保持通畅。

为了打破安息的贸易垄断,大秦(即罗马帝国)一直致力于寻求直接连接中国的通道。桓帝延熹九年(166年),"大秦王安敦遣使自日南徼外献象牙、犀角、玳瑁"[2]。安敦当即罗马皇帝马可·奥勒留·安东尼(Marcus Aurelius Antoninus,161—180年在位),而罗马使者则当是取道波斯湾或红海。这表明,从印度洋到太平洋的大航道已经打通,将当时世界上的汉和罗马两大帝国直接联系起来了。

日南等郡地近南海,"多犀、象、毒冒、珠玑、银、铜、果、布之凑,中国往商贾者多取富焉"。到东南亚的使者则"与应募者俱入海市明珠、璧流离、奇石异物,赍黄金、杂缯而往。所至国皆禀食为耦,蛮夷贾船,转送致之"[3]。凡此表明,与陆上丝绸之路相比,海上航路的开辟更多是出于商贸目的。

魏晋南北朝时期,海上交通在秦汉的基础上有较快发展。孙吴曾遣使"乘海"到辽东活动,与高句丽有过短暂接触。嘉禾二年(233年),高句丽奉表称臣,"贡貂皮千枚,鹖鸡皮十具"[4]。

孙权时,遣宣化从事朱应、中郎康泰通使南海,[5]"暨徼外扶南、林邑、堂明诸王,各遣使奉贡"[6]。朱应撰《扶南异物志》,康泰撰《扶南记》,[7]记录"其所经及传闻,则有百数十国"[8]。

《太清金液神丹经》卷下:[9]

行迈靡靡,泛舟洪川。发自象林,迎箕背辰。乘风因流,电迈星

---

1 《汉书》卷二十八下《地理志下》,中华书局点校本,第六册,第1670—1671页。关于这些南海古地的位置,学界多有争议。参见陈佳荣、谢方、陆峻岭:《古代南海地名汇释》,中华书局,1986年,第158、172—173、285、421、643—644、694—695、715页各有关词条。此处采用陈佳荣的意见,参见佳荣:《中外交通史》,学津书店,1987年,第52—55页。
2 《后汉书》卷八十八《西域传》,中华书局点校本,第十册,第1670—1671页。
3 《汉书》卷二十八下《地理志下》,第1670—1671页。
4 《三国志》卷四七《吴书·吴主传》注引《吴书》。
5 吕岱黄武五年(226年)平交州,黄龙三年(231年)召还。朱应、康泰出使在这个期间。
6 《三国志》卷六〇《吴书·吕岱传》。
7 朱应所撰《扶南异物志》一卷,见《隋书》卷三三《经籍志二》《旧唐书》卷四六《经籍志上》《新唐书》卷五八《艺文志二》。康泰所撰,据《水经注》《艺文类聚》《通典》《太平御览》《册府元龟》有《康泰扶南记》《扶南记》《扶南传》《吴时外国志》《吴时外国传》《扶南土俗》诸篇。参姚振宗《补三国艺文志》卷二,载《二十五史补编》,中华书局,1986年,第三册,第3245-3246页。
8 《梁书》卷五四《诸夷·海南传》。康泰所撰,据《水经注》《艺文类聚》《通典》《太平御览》《册府元龟》
9 《正统道藏》洞神部369部。参饶宗颐:《〈太上金液神丹经〉(卷下)与南海地理》,载氏著《选堂集林》(史林),中华书局香港分局,1982年,中册,第510-586页。

> 奔。胃明莫停，积日倍旬。乃及扶南，有王有君。厥国悠悠，万里为垠。北款林邑，南函典逊（今马来半岛北部）。左牵杜薄（在今印尼爪哇岛，或作"社薄"，即java的音译），右接无伦（在今缅甸）。民物无数，其会如云。忽尔尚固，界此无前。谓已天际，丹穴之间。逮于仲夏，月幻之宾。凯风北迈，南旅来臻。怪问无由，各有乡邻。我谓南极，攸号朔边。乃说邦国，厥数无原。句稚（在今马来半岛）、歌营（今印尼苏门答腊群岛西北）、林杨（今泰国西部或缅甸东南部）、加陈（今地不详）、师汉（在今斯里兰卡）、扈犁（在今印度西孟加拉邦）、斯调（今印尼爪哇岛附近，或以为在斯里兰卡）、大秦、古奴（今缅甸西南海岸）、蔡牢（今地不详）、叶玻（今巴基斯坦白沙瓦一带）、罽宾、天竺、月支、安息、优钱（今印度东海岸）。大方累万，小规数千。过此以往，莫识其根。

其中提及的地名反映了三国时代对于南海的地理知识较秦汉时期更为丰富。

罗马与中国的陆路交通受安息阻挠，因而积极谋求海上的通道。"大秦道既从海北陆通，又循海而南，与交趾七郡外夷比，又有水道通益州、永昌、故永昌出异物"。[1] 黄武五年（226）从交趾到华的大秦贾人秦论应该就是循海路而来。[2]

《三国志》卷三〇《魏书·乌丸鲜卑东夷传》还首次记载了通日本的海路：

> 倭人在带方东南大海之中，依山岛为国邑。旧百馀国，汉时有朝见者，今使译所通三十国。从郡至倭，循海岸水行，历韩国，乍南乍东，到其北岸狗邪韩国，七千馀里，始度一海，千馀里至对马国……又渡一海，千馀里至末卢国……东南陆行五百里，到伊都国，官曰尔支，副曰泄谟觚、柄渠觚。有千馀户，世有王，皆统属女王国，郡使往来常所驻。东南至奴国百里……东行至不弥国百里，官曰多模，副曰卑奴母离，有千馀家。南至投马国，水行二十日，官曰弥弥，副曰弥弥那利，可五万馀户。南至邪马壹国，女王之所都，水行十日，陆行一月。

其中，所记的地名大抵可考。狗邪韩国即今朝鲜半岛南部庆尚道等地，对马即今日本对马岛，末卢国为日本佐贺县松浦或唐津一带。[3]

元嘉二十三年（446年），宋文帝平林邑，保障了南朝与东南亚国家的往来。婆皇（今马来西亚彭亨Pahang一带）、盘盘（今马来半岛北部）、诃罗单（今苏门答腊岛或爪哇岛）、阇婆婆达（同上）、乾陀利（今苏门答腊岛）、苏摩黎（今苏门答腊岛北岸）、婆

---

[1] 《三国志》卷三〇《魏书·乌丸鲜卑东夷传》注引《魏略·西戎传》。
[2] 《梁书》卷五四《诸夷·中天竺传》。
[3] 木宫泰彦：《日中文化交流史》，胡锡年译，商务印书馆，1980年，第16—17页。

利（今巴厘岛）、师子国（今斯里兰卡）、迦毗黎（今恒河支流哥格拉河 Gagra 与干达克河 Gandak 上游之间）等都曾与南朝有交往。[1]

魏晋南北朝时期，南海航线主要有两条。一条经马六甲海峡，往来于南中国海与印度洋之间。另一条则经过马来半岛的克拉（Kra）地峡。[2]克拉地峡东岸港口为顿逊，是东西各国商舶会市的集散地。[3]

从南海航线输入中国的主要是珍宝和香药，而中国输出的则主要是丝织品。[4]史称交州"外接南夷，宝货所出，山珍海怪，莫与为比"。[5]"县官羁縻，示令威服，田户之租赋，裁取供办，贵致远珍名珠、香药、象牙、犀角、玳瑁、珊瑚、琉璃、鹦鹉、翡翠、孔雀、奇物、充备宝玩，不必仰其赋入，以益中国也"。[6]交阯太守士燮"每遣使诣权，致杂香细葛，辄以千数，明珠、大贝、流离、翡翠、玳瑁、犀、象之珍，奇物异果，蕉、邪、龙眼之属，无岁不至"。[7]这些记载，可以概见当时经由海上丝绸之路商贸交易情况之一斑。

除商贸往来之外，佛教僧侣亦多搭乘商舶来华。仅《高僧传》记载魏晋南北朝时期从海道来华的外国僧侣即有十三人之多。[8]

魏晋时期重要的港口有交州、广州、晋安（治今福州）、梁安（治在今泉州）、鄮县（今宁波）、建康（今南京）、长广郡（今青岛）等。其中，交、广两州尤为重要。史称交州"外接岛夷，宝货所出，山珍海怪，莫与为比"；[9]广州"包带山海，珍异所出，一箧之宝，可资数世"。[10]反映了交、广两地海外贸易的繁盛。

唐代海外交通更为发达。贾耽所记"入四夷之路"中"登州海行入高丽渤海道""广州通夷道"两条是关于海上丝绸之路的。[11]

"登州海行入高丽渤海道"由中国海陆结合可通朝鲜半岛新罗王城（今韩国庆州）。而从朝鲜半岛西部渡海可达日本，是日本遣唐使经常采用的海道。因此，"登州海行入高丽渤海道"可以视为中国—朝鲜半岛—日本航线的一部分。8世纪以后，日本还开辟了从福冈经九州、冲绳，以及从福冈经长崎横渡东海抵达中国的航路。

"广州通夷道"具体线路如下：

> 广州东南海行，二百里至屯门山（今九龙西北），乃帆风西行，二日至九州石（今海南七洲列岛）。又南二日至象石（今海南大洲岛）。又西南三日行，至占不劳山（今越南占婆岛 Champa），山在环王国（即林邑）东二百里海中。又南二日行至陵山（今越南归仁）。又一日行，至门毒国（今越南富安）。又一日行，至古笪国（今越南芽庄）。又半日行，至奔陀浪洲（今越南藩朗）。又两日行，到军突弄山（今越南昆仑岛）。又五日行至海硖（今马六甲海峡），蕃人谓之"质"，南北百里，北岸则罗越国（今马来半岛南），南岸则佛逝国（今印尼

1　上述南海诸国地望参见陈佳荣、谢方、陆峻岭：《古代南海地名汇释》，中华书局，1986年。
2　陈高华、陈尚胜：《中国海外交通史》，文津出版社，1997年，第31页。
3　《梁书》卷五四《诸夷·扶南传》称"顿逊之东界通交州，其西界接天竺、安息徼外诸国，往还交市。所以然者，顿逊回入海中千余里，涨海无崖岸，船舶未曾得径过也。其市，东西交会，日有万余人。珍物宝货，无所不有"。
4　《释氏稽古略》卷二引《正宗记》称"达磨化之归正，既而念震旦缘熟行化时至，辞于侄王。王为具大舟，实以珍宝，泛重溟，三周寒暑，达于南海。"《南齐书》卷三一《荀伯玉传》载萧颐为太时"又度丝锦与昆仑舶营货，辄使传令防送过南州津。"
5　《南齐书》卷一四《州郡志》。
6　《三国志》卷五三《吴书·薛综传》。
7　《三国志》卷四九《吴书·士燮传》。
8　刘淑芬：《六朝南海贸易的开展》，《食货》（复刊）第十五卷第九——〇期。
9　《南齐书》卷一四《州郡志》。
10　《晋书》卷九〇《吴隐之传》。
11　《新唐书》卷四十三下《地理志七下》。

苏门答腊岛）。佛逝国东水行四五日，至诃陵国（今印尼爪哇岛），南中洲之最大者。又西出硖，三日至葛葛僧祗国（今印尼苏门答腊东北伯劳威斯Brouwers），在佛逝西北隅之别岛，国人多钞暴，乘舶者畏惮之。其北岸则个罗国（今马来西亚吉打）。个罗西则哥谷罗国（今马来半岛西岸）。又从葛葛僧只四五日行，至胜邓洲（今苏门答腊东北）。又西五日行，至婆露国（今苏门答腊西北布勒韦岛Breueh）。又六日行，至婆国伽蓝洲（尼科巴群岛Nicobar）。又北四日行，至师子国（今斯里兰卡），其北海岸距南天竺大岸百里。又西四日行，经没来国（今印度西南奎隆Kollam），南天竺之最南境。又西北经十余小国，至婆罗门西境。又西北二日行，至拔䫻国（今印度布罗奇Bharuch）。又十日行，经天竺西境小国五，至提䫻国（今印度第乌Diu)，其国有弥兰太河，一曰新头河，自北渤昆国来，西流至提䫻国北，入于海。又自提䫻国西二十日行，经小国二十余，至提罗卢和国（今伊朗阿巴丹），一曰罗和异国，国人于海中立华表，夜则置炬其上，使舶人夜行不迷。又西一日行，至乌剌国（今伊朗阿巴丹西北），乃大食国之弗利剌河（今幼发拉底河），南入于海。小舟溯流二日至末罗国（伊拉克巴士拉），大食重镇也。又西北陆行千里，至茂门王所都缚达城（今伊拉克巴格达）。自婆罗门南境，从没来国至乌剌国，皆缘海东岸行；其西岸之西，皆大食国，其西最南谓之三兰国（今坦桑尼亚达累斯萨拉姆）。自三兰国正北二十日行，经小国十余，至设国（今也门希赫尔）。又十日行，经小国六七，至萨伊瞿和竭国（今阿拉伯半岛东南岸），当海西岸。又西六七日行，经小国六七，至没巽国（今阿曼苏哈尔）。又西北十日行，经小国十余，至拔离謌磨难国（今巴林岛）。又一日行，至乌剌国，与东岸路合。

1 韩愈：《送郑尚书序》《韩昌黎文集校注》，马其昶校注，上海古籍出版社，1987年，第283-284页。
2 《唐大和东征传》，汪向荣校注，中华书局，1979年，第74页。
3 张九龄：《开凿大庾岭路序》，《曲江张先生文集》卷一七。

值得重视的是贾耽所记的"广州通夷道"这条南海航线远比前代更为详尽，也可与阿拉伯文献相互印证补充。这条连通中国、南亚、西亚、东非的海上航线在古代亚、非各国的经济、文化交流中发挥了重要作用，对世界史产生了深远的影响。

海上交通的大繁荣，带动了沿线重要港口的发展。唐代广州"其海外杂国，若躭浮罗、流求、毛人、夷亶之州、林邑、扶南、真腊、于陀利之属，东南际天地以万数，或时候风潮朝贡，蛮胡贾人舶交海中"[1] "有婆罗门、波斯、昆仑等舶，不知其数；并载香药、珍宝，积载如山"。[2] 为便于将广州进口的货物运往内地，唐代还开凿了广东通往长江中下游的大庾岭路。[3] 隋代交州地区"南海、交趾各一都会也，并所处近海，多犀象玳瑁珠玑，奇异珍玮，故商贾至者，多取富焉"。[1] 唐代沿续前代的繁盛。扬州、明州、福州、泉州、登州等地也是商客杂处、货物辐辏之地。

大批来华客商侨居广州、泉州、扬州等地，形成"蕃坊"。《中国印度见闻录》称黄巢进入广州时所杀伊斯兰教徒、犹太教徒、基督教徒、拜火教徒多达十二万人。[2] 田神功攻掠扬州，"商胡大食、波斯等商旅死者数千人"。[3] 广州、扬州两地蕃客之多可见一斑，其他港口的蕃客当也不在少数。

宋元时期中国沿海的港口仍以泉州、广州、明州最为发达，海上航行路大体沿袭了前代。不过，由于造船和航海技术的提高，除了沿海岸行船之外，横渡海洋的航行大大缩短了航程。从中国沿海港口出发的船舶出马六甲以后，经停印度西部，可以直航波斯湾、红海，再无需从师子国等处中转。

2. 海上交通线路保障设施

从大的方面看，海上交通保障至少包括三部分内容：第一，行政管理和保障制度；第二是必要的交通设施；第三是其他辅助手段。

中国设立在广州、泉州等处的市舶司是管理海外贸易的重要机构。市舶司除维护贸易往来，还为客商提供相应的保护。"岁十月，提举司大设蕃商而遣之。其来也当夏至之后，提举司征其商而覆护焉"。[4] 由于季风对海上船舶的重要性是不言而喻的，因此在港口地方官员的职能中，祈风是一项重要的任务。泉州九日山现存的大量祈风刻石就是这一祭祀活动的珍贵见证。虽然祈风行动不一定有实际的效果，但却符合了人们的心理愿望，从而也给行船者带来心灵的慰藉（图20）。

远洋航行，地标导航是重要的保障设施。在重要港口，或者出海口，往往立有航标。这些航标因不同的文化、不同的资助者，有各种不同的形式。广州怀圣寺光塔、泉州东西塔、万寿塔、六胜塔虽然功能、用途各有不同，但都充当了海洋航行的航标。

广州是海上交通的重要港口城市，聚居大批来自南亚、西亚乃至非洲的客商侨民。不同宗教信仰的侨民各有自己的宗教礼拜地，广州的怀圣寺是侨居的穆斯林一处重要的宗教活动场所。光塔既是怀圣寺的宣礼塔，同时也起到航标的作用。文献记载，"番塔始于唐时，曰怀圣塔，轮囷直上，凡六百十五丈。绝无等级，其颖标一金鸡，随风南北。每岁五六月，夷人率以五鼓登其绝顶，叫佛号，以祈风信，下有礼拜堂"（图21）。

建于南宋绍兴年间（1131—1162年）的万寿塔位于福建省石狮市永宁镇塔石村宝盖山山顶，四周视野开阔，是泉州湾海岸的制高点，登临塔顶，沿海港口及远近岛屿一览无遗。史载"此塔高出云表，登之可望商舶往来"。万寿塔塔距海平面落差较大，从泉州湾整个入口处的广阔海面都可以看到万寿塔，万寿塔成为泉州湾古航标（图22）。

六胜塔为泉州湾主航道的古航标。六胜塔位于石狮市蚶江镇石湖村金钗山上，北距泉

---

[1] 《隋书》卷三十一《地理志下》。
[2] 《中国印度见闻录》，穆根来等译，中华书局，1983年，第96页。
[3] 《旧唐书》卷一一〇《邓景山传》。
[4] 周去非著，杨武泉校注：《岭外代答校注》卷三航海外夷条，中华书局，1999年，第126页。

图20　九日山石刻

图21　怀圣寺与光塔

图 22　万寿塔

图 23　六胜塔

州市区27.2 km。六胜塔三面环海，濒临海滨，俯瞰石湖码头，与大、小坠岛之间的岱屿门主航道遥遥相对，东侧有东岳大帝庙，塔前修有大道直达山脚，并接通石湖港大道直至大海。六胜塔建于北宋政和元年(1111年)，元至正二年至五年(1336—1339年)亦有修建。塔门刻有"至元丙子"（1336年），是海商凌恢甫元代修建时的年款，一入塔门便是围绕八角形石构塔心柱的廻廊。塔内各层横梁上又分别刻有每层修缮的时间（图23）。

南亚地区也有类似以塔为航标的记载。据马欢《瀛涯胜览》占城国条记载，占城新州港"岸有一石塔为记，诸处船只到此舣泊登岸"。[1]

《瀛涯胜览》南渤里国条："国之西北海内有一大平顶峻山，半日可到。名帽山。其山之西，亦皆大海，正是西洋也，名那没梨洋。西来过洋船只收帆，俱望此山为准。"[2] 则是以自然山体充当了航标。

保障海上交通的第三方面是其他一些辅助性手段，大多是非物质形态的要素。首先是对气象条件的认识，尤其是海洋季风。在非机械动力时代，利用季风对远洋航行是非常重要的。牵星则为航海者提供方向的参照。作为古代航路重要文体，各种航海图在海上交通中发挥了重要作用。

---

[1] [明]马欢著，冯承钧校注：《瀛涯胜览校注》，台湾商务印书馆，1970年，第1页。

[2] [明]马欢著，冯承钧校注：《瀛涯胜览校注》，台湾商务印书馆，1970年，第33页。

丝路遗迹·交通篇遗址点总图

丝路遗迹·交通篇遗址点总图

《丝路遗迹·交通篇》遗址点总图说明

"丝绸之路"是一套沿用了约 18 个世纪的世界文明与文化交流的大动脉，交流内容以商业贸易、政治外交、宗教传播三大功能为主，交通路网则伴随着世界不同文明中心的兴衰关联及其使用功能而发生变更，呈现出错综复杂的历史性与共时性关联。故本书谨以中国朝代更替脉络为参考，依据丝绸之路的沙漠绿洲路线、草原路线、海上路线 3 条路线概念，结合使用情况，将交通路网切分为三个主要阶段：以公元前 2 世纪—公元 6 世纪（汉—南北朝时期）为第一阶段，以公元 7 世纪—13 世纪（唐宋时期）为第二阶段，以 13 世纪—16 世纪（元明时期）为第三阶段。路网的后续使用阶段包含了对前此路网路段的拓展、沿用与废弃等不同情况。受平面表达限制，本图仅以分色标示各阶段新辟路段。路网节点上的城市均采用今名，后附历史上的曾用名、分色标注。

路网绘制依据除本书研究成果之外，主要参考了《世界历史地图集》（张芝联、刘学荣编，中国地图出版社，2002 年）、《中国丝绸之路交通史》（交通部中国公路交通史编审委员会编，人民交通出版社，2000 年）、《丝绸之路考》（卞洪登，中国经济出版社，2007 年）、《泰晤士世界历史地图集》[杰弗里·巴勒克拉夫（Geoffrey Barraclough）、理查德·奥弗里（Richard Overy）编，毛昭晰等译，希望出版社、新世纪出版社，2011 年] 及陈凌提供的《秦汉时代丝绸之路路线示意图》等。

道 桥

崤函古道石壕段遗址
Site of Shihao Section of Xiaohan Ancient Route

一、【事实性信息】

崤函古道石壕段遗址，是崤函古道的一部分。位于今河南省三门峡市东约36km的硖石乡至石壕村之间，崤山道北路的涧河河谷。公元前2世纪前已形成。

崤函古道是对古代中国自洛阳至潼关这段道路的统称，东西全程200多公里，道路穿行于中原地区黄河三门峡河段南岸崤山之中，汉唐时期作为沟通长安、洛阳两大都城的交通要道而兴盛，民国时期仍在沿用。因其沿线主要穿行于崤山之中，并曾设有号称天险的秦函谷关，故名崤函古道。

经考古探明的石壕段遗址全长1 317m，共分为三段。其中经考古发掘揭露的中部路段位于硖石乡车壕村东南800m处，为西北-东南走向，全长230m，宽窄不等，最宽处达8.8m，最窄处5.2m。主要遗迹包括石灰岩质古道路面、路旁三处蓄水设施。石灰岩质路面因车轮长期辗轧，形成较深的车辙，车辙的印痕宽窄不等、深浅不一，最宽达40cm，最深处41cm，最浅处仅数厘米。两车辙印痕外宽相距一般在132cm，最窄处106cm，最宽处156cm。自然岩石道路遗存中部两侧各有一处对自然地形略加修整的人工刻凿痕迹，有三个不同时期刻凿的台级形断壁，每个台级高0.5m。蓄水设施是在自然形成的坑凹地形的基础上略加整修而成，供来往行人以及驾车、驮货的牲畜饮水之用。

二、【丝路关联和价值陈述】

崤山是秦岭山脉东段的支脉，又是黄河与其支流洛河的分水岭，山势险峻，自古即是洛阳盆地及渭河平原的天然屏障。崤函古道作为穿越崤山的通道，沟通了华夏文明两大核心地区——关中盆地、洛阳盆地。

崤函古道石壕段遗址以难得存留至今的古代车辙、蹄印、蓄水池等遗迹，实证了其长达20余个世纪长期持久的使用时间。特别是路面车辙车轮间距的数据范围，体现了自战国以后古道长期沿用的历史。其出土遗物多为晚清至民国时期，反映了古道至民国时期（20世纪30年代）还在使用，是丝绸之路交通路线上现存的珍稀道路遗存，是丝绸之路长期、长距离交通保障系统的珍贵物证。

参考文献：
Silk Roads: the Routes Network of Chang'an-Tianshan Corridor[EB/OL]. http://whc.unesco.org/en/list/1442

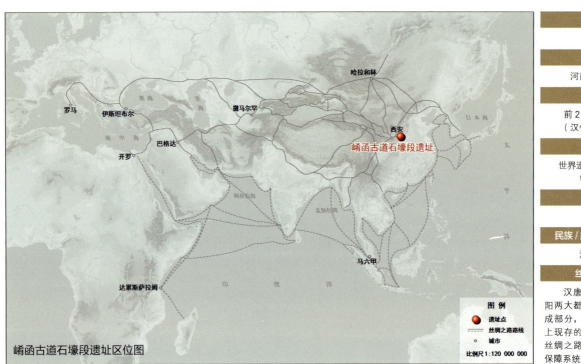

崤函古道石壕段遗址区位图

类型
古遗址
地点
河南省三门峡市
遗存年代
前2世纪—20世纪（汉代—民国时期）
保护地位
世界遗产／全国重点文物保护单位
地理区位
中原地区
民族／族群／政权／国别
汉朝—汉族
丝路关联属性
汉唐时期沟通长安、洛阳两大都城的交通要道的组成部分，丝绸之路交通路线上现存的珍稀道路遗存，是丝绸之路长期、长距离交通保障系统的珍贵物证

图1-1 崤函古道石壕段遗址全景

图1-2 崤函古道石壕段遗址及周边环境

图1-3 崤函古道石壕段遗址考古发掘前

图1-4 第一段古道之一端

图1-5 第二段古道最宽处

图1-6 马蹄形石坑

图1-7 坡顶蓄水池

图1-8　人工刻凿台阶形断崖

图1-9　古道路基考古探沟

图1-10　崤函古道石壕段遗址出土物
（1.蘑菇状铁钉　2.粗砂厚壁缸残片
3.出土铁马掌　4.残铁铃）

灞桥遗址
Site of Baqiao Bridge

一、【事实性信息】

灞桥遗址，是我国目前已知跨度最长、规模最大、时代最早的大型多联拱石拱桥。位于陕西省西安市东郊灞桥镇柳巷村北，横跨灞河。始建于隋开皇三年(583年)，唐、五代、宋修葺，元代废。

灞桥形制为半圆拱厚墩联拱石桥，呈西南至东北方向横跨灞河上。根据史料记载，其桥墩应多达四五十座，估计总长度应在400m以上。1994年与2004年分别发现了4座和11座石砌桥墩，分布于不同的位置。桥墩造型和大小基本一致：船形，南北向，迎、背水面均为尖状（迎水与过水尖），上有石雕龙头装饰，雕刻精美。桥墩长约9.5m，宽约2.5m，残高约2.68m，桥洞拱跨约5.14～5.76m。桥墩为块石砌筑，块石之间以铆钉连接。桥墩下铺石板，石板下为方木，方木下为木桩。1994年发掘出土唐"扶风郡王赠司徒马府神道碑"一通，证实了文献中关于北宋时维修该桥的记载。

二、【丝路关联和价值陈述】

灞河是长安城以东的天然屏障，隋开皇十六年在灞桥东端置滋水驿（别称灞桥驿），其后灞桥便成为长安东边的重要驿站，函谷、武关、蒲关三道在此相交。《雍录》记载"此地最为长安冲要，凡自西东两方而入出崤、潼两关者，路必由之"。灞桥因此成为隋唐时期从中原、东南、巴蜀等地通往京城长安的必经之地，也是由海上丝绸之路而来的日本、朝鲜半岛等国的遣唐使、学生和僧侣进入长安的必经之地，是隋唐都城与世界相连的重要交通枢纽。作为长安城外的交通枢纽，灞桥支撑并见证了陆上丝绸之路起始点长安城外几个世纪间繁忙兴盛的交通往来。

参考文献：
《全国重点文物保护单位》编辑委员会. 全国重点文物保护单位（第一批至第五批）第三卷[M]. 北京：文物出版社，2004:380
侯卫东,李鑫,王昭宗,李燕霞,冯涛.灞河再现隋唐古桥[J].文博,2004(04):4-9.
刘琦,贺凌飞.万里丝路 千古灞桥：浅谈隋灞桥遗址在丝绸之路上的重要作用及其保护问题[J].陕西社会主义学院学报,2015(03):61-64.

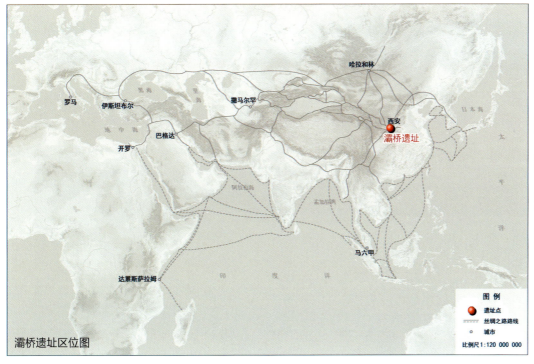

灞桥遗址区位图

类型
古遗址
地点
陕西省西安市
遗存年代
6—13世纪（隋—宋代）
保护地位
全国重点文物保护单位
地理区位
中原地区
民族/族群/政权/国别
隋朝—汉族
丝路关联属性
长安城外的交通枢纽遗迹，支撑并见证了陆上丝绸之路起始点长安城外繁荣的交通往来

图2-1　灞桥桥墩遗址（2004年发掘）

图2-2 桥墩石雕龙头（2004年发掘）

图2-3 桥墩和石雕龙头（1994年发掘）

图2-4 灞桥遗址现状（2020年摄）

洛阳桥
Luoyang Bridge

一、【事实性信息】

洛阳桥,原名万安桥,是沟通泉州洛阳港南北的交通设施。位于福建省泉州市洛江区桥南村与惠安县洛阳镇之间的海湾处,横跨泉州洛阳江入海口。北宋皇祐五年(1053年)由郡守蔡襄主持兴建,嘉祐四年(1059年)竣工,历代几经修筑。

洛阳桥为平梁式大石桥,南北走向,花岗石砌筑,原长360丈,宽1.5丈,现存桥长731m,宽4.5m。在江底沿桥纵轴线抛掷大量石块形成一条横跨江底的矮石堤。舟形桥墩45座,迎水面砌三角形分水尖,墩间用6~7条石梁板铺架成桥面,每条桥板重约数吨至十余吨。翼以扶栏,栏柱朝海面置镇海兽各一。桥南北两端及横跨的中洲岛上建有七亭九塔,现存中亭、西川甘雨亭、义波祠、宋代石雕护将军像4尊、石经幢1座、宋代石塔6座(窣堵波式塔、宝箧印经塔、月光菩萨塔、三层六角楼阁塔、五层八角楼阁式塔2座)、明代石塔1座(镇风塔)。中亭立有26座历代石碑及摩崖石刻。桥南蔡襄祠为清康熙三十一年(1692年)重建,内有著名的蔡襄《万安桥记》碑。桥北有祭祀海神通远王的昭惠庙。

二、【丝路关联和价值陈述】

洛阳桥是在泉州海洋贸易繁盛的时代背景下、地区普遍性造桥活动的典型代表。洛阳桥地处泉州洛阳港,洛阳江口风波常作,渡涉艰难。洛阳桥方便了泉州港舶来货品从陆路北运,实现了陆路海路交通联运,成为连接陆路和水路的交通枢纽。因此,洛阳桥是泉州海洋贸易活动兴盛、交通技术发达的见证,也是海上丝绸之路繁荣时期的泉州湾地区重要的交通保障。

桥梁技术方面,洛阳桥是中国第一座海港多跨梁式大石桥,首创"筏型基础""养蛎固基""浮运架梁"等先进的建桥技术,是世界桥梁史上的伟大创举。

参考文献:
《全国重点文物保护单位》编辑委员会.全国重点文物保护单位(第一批至第五批)第二卷[M].北京:文物出版社,2004:184.

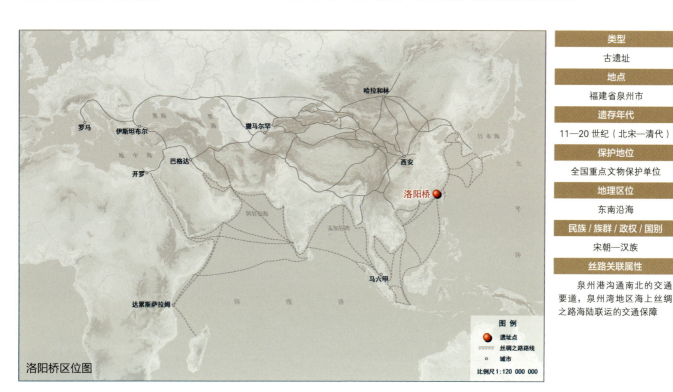

洛阳桥区位图

类型
古遗址
地点
福建省泉州市
遗存年代
11—20世纪(北宋—清代)
保护地位
全国重点文物保护单位
地理区位
东南沿海
民族/族群/政权/国别
宋朝—汉族
丝路关联属性
泉州港沟通南北的交通要道,泉州湾地区海上丝绸之路海陆联运的交通保障

图3-1 洛阳桥中洲岛

图3-2 洛阳桥桥头

图3-3 洛阳桥全景

图3-4　洛阳桥与红树林

图3-5　洛阳桥塔：五层八角楼阁塔（左）、窣堵坡式塔（中）、三层六角楼阁塔（右）

图3-6 月光菩萨塔

图3-7 石经幢

图3-8 阿育王残塔

图3-9　洛阳桥桥墩养蛎固基

图3-10　洛阳桥桥墩

图3-11 洛阳桥桥板（历史照片）

图3-12 洛阳桥北石将军（左）、南石将军（右）

图3-13　洛阳桥修桥碑刻

图3-14　蔡公祠

关隘

新安汉函谷关遗址
Site of Han'gu Pass of the Han Dynasty in Xin'an County

一、【事实性信息】

新安汉函谷关遗址，是汉代洛阳盆地及关中盆地之间的重要关隘。位于河南省洛阳市新安县城关镇，东距洛阳市区 23km，遗址北依凤凰山，南眺青龙山，西有奎楼山，东望八陡山；关东为涧河，皂涧河流经汉函谷关南与涧河交汇。汉函谷关始建于公元前 114 年（西汉元鼎三年），沿用原设于河南省灵宝市的秦函谷关关名[1]。

新安汉函谷关遗址主要包括东西向坐落的关楼、南北两侧的夯土关墙和阙台遗迹，以及关墙外向南北两侧延伸的长墙遗迹，关楼遗址东西两侧发现有总长约 400m 的古代道路遗迹，东侧发现 1 处建筑基址。

二、【丝路关联和价值陈述】

新安汉函谷关遗址是公元前 2 世纪—公元 3 世纪汉帝国设立在中原地区防卫都城，西汉时期，汉函谷关是防卫长安所在关中地区东边的最重要的军事关隘；东汉时期，由于都城东移至洛阳盆地，汉函谷关成为洛阳周边八关之首[2]，是洛阳作为东汉都城时，自丝路起点西行必经的重要关隘。史料记载东汉时期汉函谷关具有交通纽带作用，并曾拥有"会万国之玉帛，徕百蛮之贡琛。盖纷其云合，车马动而雷奔"的交流盛况。其现存的一系列人工设施遗迹，与南北两山对峙、两河交汇所共同形成的整体格局，见证了汉帝国大型交通保障体系中的交通管理制度、防御制度，以及对丝绸之路长距离交通和交流的保障。

汉函谷关遗址两侧凤凰山、青龙山南北对峙，皂涧河与关东涧河交汇，形成一个自然河谷，在谷中修筑关隘是最理想的地点，表现出丝绸之路线路走向对自然环境的依托、利用。

1 《汉书·卷六·武帝纪》：（元鼎）三年冬，徙函谷关于新安。以故关为弘农县。
2 该八关为：函谷关、伊阙关、广成关、大谷关、轘辕关、旋门关、孟津关、小平津关。

参考文献：
Silk Roads: the Routes Network of Chang'an-Tianshan Corridor[EB/OL]. http://whc.unesco.org/en/list/1442.

新安汉函谷关遗址区位图

| 类型 |
| 古遗址 |
| 地点 |
| 河南省洛阳市 |
| 遗存年代 |
| 前 2 世纪—3 世纪（汉代） |
| 保护地位 |
| 世界遗产 / 全国重点文物保护单位 |
| 地理区位 |
| 中原地区 |
| 民族 / 族群 / 政权 / 国别 |
| 汉朝—汉族 |
| 丝路关联属性 |
| 丝绸之路起始段的洛阳盆地及关中盆地之间的代表性关隘设施，是丝绸之路长距离交通和交流的重要保障 |

图4-1 新安汉函谷关遗址远景

图4-2 函谷关关楼遗址

图4-3　北侧夯土阙台遗址

图4-4　南侧夯土阙台遗址

图4-5　南侧阙台遗址夯土面

图4-6　南侧长墙遗址

图4-7　涧河及凤凰山

图4-8　皂涧河

图4-9 函谷关遗址周边出土或采集文物

玉门关遗址
Site of Yumen Pass

一、【事实性信息】

玉门关遗址,又名"小方盘城",是河西走廊最西端的汉代关城。位于甘肃省敦煌市西北约90km的疏勒河边,东南距汉敦煌郡城90km,遗址地处戈壁荒漠,周边地势平坦,北面为草湖滩,南面以一段南北走向的长城直接与"阳关"相连。玉门关始建于西汉,是汉武帝在河西"列四郡、据两关"所置的两关之一,是西汉玉门都尉治所。

遗址平面呈方形,黄土夯筑,东西宽24m,南北长26.4m,高9.7m,上宽3.7m,下宽4～4.9m,开西、北两门,四周有坞墙。周围有长城城墙、烽燧、积薪等遗存。玉门关遗址及周边烽燧出土文物包括2400余枚简牍文书、丝织品、兵器、积薪、大苴、屯田工具、粮食、陶器、漆器等。

二、【丝路关联和价值陈述】

玉门关遗址位于东接中原、西连西域的河西走廊最西端,自古为中西交通的重要通道。玉门关遗址所在的戈壁荒漠环境,北有草湖滩、疏勒河为屏,南有阳关为侧翼,东有敦煌郡治为后援,是丝绸之路东西向交通大道必经之地,汉魏以来,一直是丝绸之路通往西域诸国最西边陲的重要关隘,战略地位极其重要,是丝绸之路长距离交通和交流的重要保障。

玉门关遗址与周边河仓城、汉长城边墙及系列烽燧等各类遗存共同构成的整体格局,集中涵盖了汉长城防御体系下管理、候望、屯兵、军需供给等功能及设施类型。作为丝绸之路上至今保存最好、类型最完整、规模足够大的典型关隘遗存,可为汉帝国大型交通保障体系中的交通管理制度、烽燧制度与长城防御制度提供特殊的见证。

玉门关遗址出土的简牍文书、丝绸残片等有大量反映汉代西域各国交通来往的内容,以及与造纸、印刷、历法、医学知识及药物等相关的著述,为丝绸之路的大规模文化交流、科学技术传播提供了直接的佐证。

参考文献:
《全国重点文物保护单位》编辑委员会. 全国重点文物保护单位(第一批至第五批)第三卷[M]. 北京: 文物出版社, 2004:497.
Silk Roads: the Routes Network of Chang'an-Tianshan Corridor[EB/OL]. http://whc.unesco.org/en/list/1442.

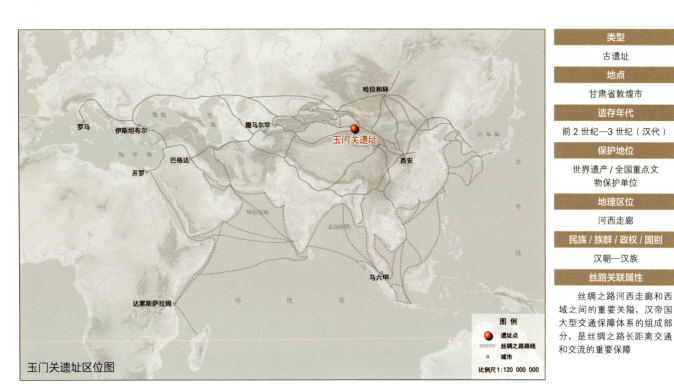

玉门关遗址区位图

类型
古遗址
地点
甘肃省敦煌市
遗存年代
前2世纪—3世纪(汉代)
保护地位
世界遗产/全国重点文物保护单位
地理区位
河西走廊
民族/族群/政权/国别
汉朝—汉族
丝路关联属性
丝绸之路河西走廊和西域之间的重要关隘,汉帝国大型交通保障体系的组成部分,是丝绸之路长距离交通和交流的重要保障

图5-1　玉门关小方盘城遗址鸟瞰

图5-2　玉门关小方盘城遗址远景

图5-3 玉门关小方盘城遗址近景

图5-5 玉门关遗址墙体夯筑痕迹

图5-4 玉门关遗址墙体内部

粟特文书　　　　　　　　　　　　汉简

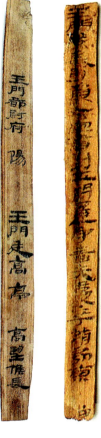

封简　　　　　　　麻布

漆器　　　　　　　篦梳

图5-6　玉门关遗址出土文物

玉门关·河仓城遗址
Site of Hecang City, Site of Yumen Pass

一、【事实性信息】

河仓城遗址，又名"大方盘城"，是汉至魏晋时期西部防线储备粮秣给养的军需仓库。河仓城位于甘肃省敦煌市西北约 65km 的疏勒河南岸戈壁上，东有东泉，西有西泉，西南距小方盘城 11km。河仓城始建于西汉，汉代似名"昌安仓"，属玉门都尉管辖。

河仓城平面呈长方形，夯土版筑，坐北朝南，开南门，东西长 132m，南北宽 17m，墙高 6.7m，墙厚 1.5m。内有仓库三座，仓库隔墙上有上下两排通风窗口。城东、西、北面有坞墙，四周有角墩。其南面约 100m 的砂梁上有一处烽燧"仓亭燧"。出土汉简、石刻、钱币、木器、丝织品残片、陶片等。

二、【丝路关联和价值陈述】

河仓城是世界遗产"丝绸之路：长安—天山廊道的路网·玉门关遗址"的一部分，其与玉门关同属汉代河西四郡之张掖郡玉门都尉管辖，是公元前 2 世纪—公元 3 世纪汉帝国设立在河西走廊地区西端仓储遗存，保障了汉长城防御体系中玉门都尉的军需供给，是丝绸之路长距离交通和交流的重要保障。

参考文献：
《全国重点文物保护单位》编辑委员会.全国重点文物保护单位（第一批至第五批）第三卷[M].北京：文物出版社，2004:497.
Silk Roads: the Routes Network of Chang'an–Tianshan Corridor[EB/OL]. http://whc.unesco.org/en/list/1442.

玉门关·河仓城遗址区位图

类型
古遗址
地点
甘肃省敦煌市
遗存年代
前 2 世纪—3 世纪（汉代）
保护地位
世界遗产 / 全国重点文物保护单位
地理区位
河西走廊
民族 / 族群 / 政权 / 国别
汉朝—汉族
丝路关联属性
河西走廊地区西端仓储遗存，是丝绸之路长距离交通和交流的重要保障

图6-1　河仓城遗址鸟瞰

图6-2　河仓城遗址

图6-3 河仓城遗址及周边环境鸟瞰

图6-4　河仓城遗址局部

图6-5　仓亭燧遗址

居延遗址·肩水金关
Site of Jin Pass of Jianshui Duwei, Site of Juyan

一、【事实性信息】

肩水金关,位于甘肃省金塔县县城东北约150km的戈壁滩,沿额济纳河东岸由南向北的驿道上。肩水金关防区位于额济纳河北岸龙首山与合黎山之间的东口,地势开阔平坦,关门遗址西约100m为额济纳河东岸,南约600m为肩水侯官障城遗址。肩水金关始建于公元前102年(汉武帝太初三年),属张掖郡下辖肩水都尉肩水侯官管辖,又名"金关",意为固若金汤。

遗址主体建筑为关门,是两座对峙如阙的长方形夯土版筑楼橹,面积各为6.5m×5m,墙最厚1.2m,残墙最高1.12m。楼橹中间的门道宽5m,门道两侧墙基,各残存4根半嵌在墙内的方、圆形排叉柱,下垫石块,推测门道上面曾有过桥或门楼等建筑。楼橹外,两侧向北至"阙柱",以土墼各砌筑长约2.5m的关墙,再由东、西"阙柱"折向东、西,西侧关墙直抵额济纳河岸边,东侧关墙向东南直抵烽燧。关门内外和"阙柱"外侧,排列有呈正方形的"虎落"。坞在关门内西南侧,边长约35m×24m,坞墙夯土版筑,另有房屋、马厩、灶、炕、桔槔、篱笆墙。坞西南角残存烽燧和方堡,南北相连。经考古发掘出土大量珍贵汉简,并有木器、竹器、芦苇器、葫芦器、角器、陶器、铁器、皮革、货币和织物等。

额济纳河(又名黑河)发源于祁连山,流经甘肃张掖后,向北穿过合黎山与马鬃山之间的分断缺口,进入今内蒙古额济纳旗,北端深入蒙古高原的大漠形成居延海,成为连通河西走廊和蒙古大漠的通廊,战略地位十分重要。西汉时期为防匈奴沿此通路进入河西,汉武帝在沿额济纳河一线修筑了一系列军事塞墙、城障、烽燧,置居延都尉、肩水都尉统辖。这一地区古泛称"居延",今将这一系列的汉代城障烽燧遗址统称为"居延遗址"。

肩水金关是居延遗址中的关城遗址,其选址于龙首山与合黎山之间的东口,是河西与居延地区之间的"锁喉"之关,具有极为重要的战略地位。肩水金关兼具关口、邮驿、候望等多种职能,为汉帝国大型交通保障体系中的交通管理制度、邮驿制度、烽燧制度与长城防御制度提供了特殊的见证,并为连通河西走廊和蒙古腹地的草原丝绸之路提供了安全保障和补给保障。

参考文献:
吴礽骧.河西汉塞调查与研究[M].北京:文物出版社,2005.

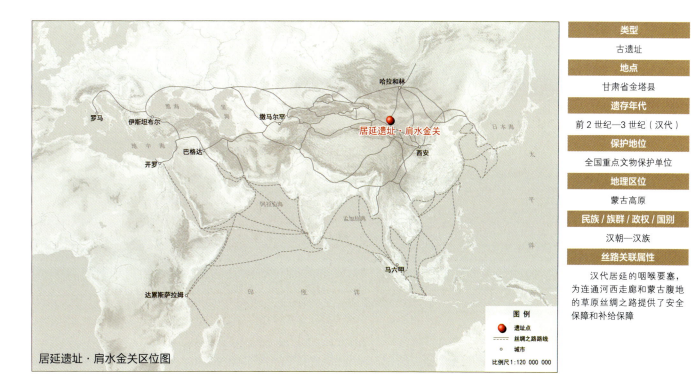

居延遗址·肩水金关区位图

类型
古遗址
地点
甘肃省金塔县
遗存年代
前2世纪—3世纪(汉代)
保护地位
全国重点文物保护单位
地理区位
蒙古高原
民族/族群/政权/国别
汉朝—汉族
丝路关联属性
汉代居延的咽喉要塞,为连通河西走廊和蒙古腹地的草原丝绸之路提供了安全保障和补给保障

图7-1 肩水金关遗址及周边环境鸟瞰

图7-2　肩水金关遗址鸟瞰

图7-3　肩水金关关门遗址

图7-4 肩水金关坞墙遗址

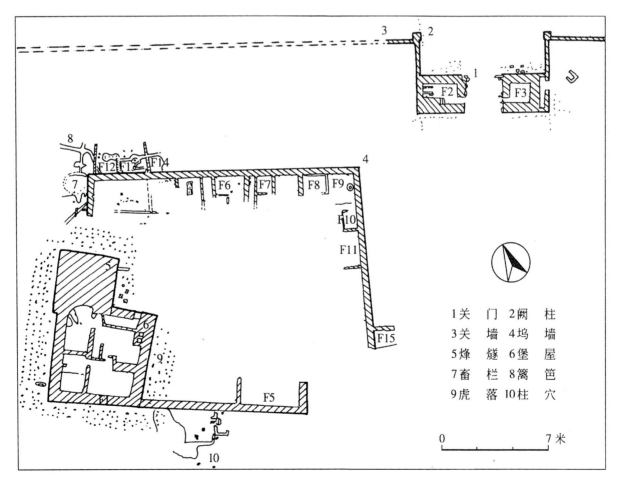
图7-5 肩水金关遗址平面图

柘厥关遗址
Site of Zhejue Pass

一、【事实性信息】

柘厥关，是唐代西域关隘。西岸柘厥关又名"都勒都尔·阿乎尔""色乃当旧城""夏合吐尔"，东岸东柘厥关又名"玉其吐尔"。位于新疆维吾尔自治区阿克苏市新和县城东17km，渭干河却勒塔格山龙口西岸，依山傍水，与库木吐拉石窟隔河相望。始建于唐代，公元648年。

柘厥关海拔1 021m，面积约9万 m^2。遗址原环绕高大城墙，现残存墙垣4段，残高3m左右。1907年法国人伯希和在此掘得佛教壁画、塑像、陶器及各类文书等200余件出土文物，并带回法国。

二、【丝路关联和价值陈述】

柘厥关东通安西都护府，北接伊犁草原，西连中亚，南抵疏勒，其战略位置极为险要，是唐代丝绸之路安西督护府通往中亚碎叶（今吉尔吉斯斯坦首都比什凯克以东）"热海道"上的重要关隘，是唐代龟兹国都境西防御突厥、吐蕃的重要军事屏障，对于拱卫龟兹安全，保证丝绸之路中路交通与交流的畅通发挥了重要作用。

参考文献：
邢春林. 新疆渭干河西岸唐代烽燧遗址的调查与研究[C]// 龟兹学研究.
陈世良. 唐柘厥关考[J]. 西域研究, 2008(03):84-92.

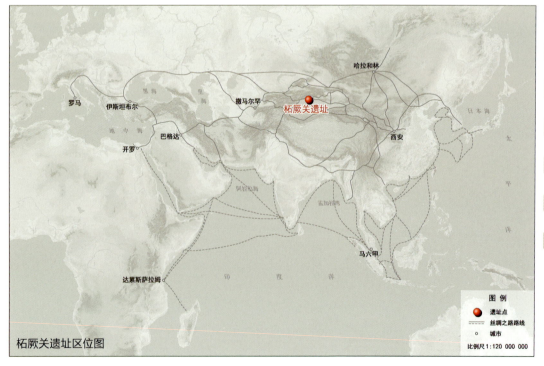

柘厥关遗址区位图

类型
古遗址
地点
新疆维吾尔自治区阿克苏市
遗存年代
7世纪（唐代）
保护地位
全国重点文物保护单位
地理区位
天山南北
民族/族群/政权/国别
唐朝—龟兹
丝路关联属性
唐代安西督护府通往中亚碎叶"热海道"上的重要关隘，是唐代龟兹国都境西防御突厥、吐蕃的重要军事屏障，是保障丝绸之路中路的重要交通保障

关隘 069

图8-1 柘厥关遗址

嘉峪关
Site of Jiayu Pass

一、【事实性信息】

嘉峪关，是明朝在河西走廊所设最西一处长城隘口，是明万里长城西端起点。位于甘肃省嘉峪关市嘉峪山西麓的嘉峪塬上，南依祁连山，北依龙首山、马鬃山，有城墙与两山相连。明洪武五年（1372年）由征西将军冯胜始筑土城，弘治八年（1495年）肃州兵备道副使李端澄建关楼，正德元年（1506年）又监修东西二楼及官厅、夷厂、仓库等建筑，嘉靖十八年（1539年）兵备道副使李涵监筑关城南、北边墙及其他建筑。清代仍有守备驻防，清中叶以后成为税卡。18世纪有过数次维修。

嘉峪关是明长城沿线保存最为完整的一座古代军事城堡，由外城、内城、罗城、瓮城及城楼附属建筑组成。关城平面呈梯形，面积33 000多平方米。内城周长640m，东城墙长156m，西城墙长164m，南北城墙各长160m，面积约25 000m²。城墙高9m，上建垛墙。内城有东西二门，名"光化""柔远"，骑上均建有3层三檐歇山顶式城楼。城墙四角建角楼，南北墙正中建敌楼。内城中轴线北侧有清代游击将军府一座，是嘉峪关历任游击将军办公之处。内城西有罗城，呈凸字形，长191.3m，通高10.5m。青砖包砌，高与内城相同。罗城中间凸出部分开券门，为关城正门，门额题"嘉峪关"三字。内城南、北和东侧外围均筑外城，西与罗城相连，南、北与内城平行并形成夹道，供车马通行。外城高3.8m，周长1 100m，东北角上建闸门，上建一层三间式闸楼。外城四周有壕沟。关城内还有官井、营房及文昌阁、关帝庙、戏楼等附属建筑。关城南北均筑有长城。

二、【丝路关联和价值陈述】

嘉峪关是明朝在河西走廊所设最西一处长城隘口，也是明代丝绸之路通往西域的咽喉要塞，有"西襟锁钥"之称。其城关两侧的城墙横穿沙漠戈壁，北连黑山悬壁长城，南接天下第一墩，东通古肃州（今酒泉），西有安西，古代丝绸之路穿行于此。明朝对嘉峪关的政策和经营，促进了丝绸之路的贸易恢复和发展，直接影响着丝绸之路贸易的兴衰。

参考文献：
《全国重点文物保护单位》编辑委员会.全国重点文物保护单位（第一批至第五批）第三卷[M].北京：文物出版社，2004: 443.

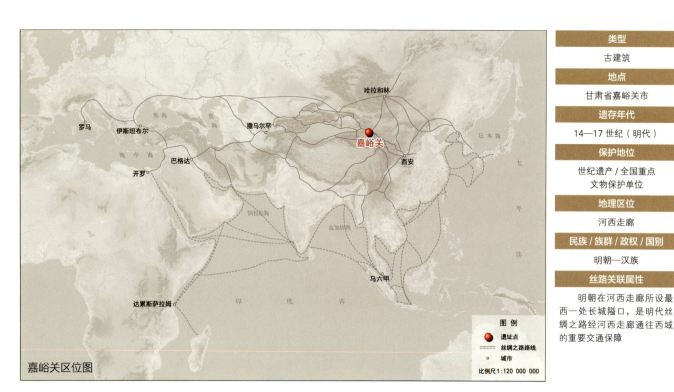

嘉峪关区位图

类型
古建筑
地点
甘肃省嘉峪关市
遗存年代
14—17世纪（明代）
保护地位
世纪遗产 / 全国重点文物保护单位
地理区位
河西走廊
民族 / 族群 / 政权 / 国别
明朝—汉族
丝路关联属性
明朝在河西走廊所设最西一处长城隘口，是明代丝绸之路经河西走廊通往西域的重要交通保障

图9-1　嘉峪关与祁连山

图9-2　嘉峪关西长城

图9-3　嘉峪关东北长城

图9-4 嘉峪关全景

图9-5 嘉峪关鸟瞰

戍 堡

居延遗址·大湾城
Site of Dawan City, Site of Juyan

一、【事实性信息】

大湾城遗址，是汉代在古居延地区设置的军事城障，汉代张掖郡下辖肩水都尉府治所。位于甘肃省金塔县城东北约145km处，分为东、西两城，分别称"东大湾城""西大湾城"，中间为额济纳河。始建于西汉。

东大湾城遗址位于额济纳河拐弯东岸的胶泥沙地上，西距黑河仅200m，东距干涸古河道2.4km，始建于西汉，宋、元时期部分扩筑、改筑。东大湾城由障城、内城（坞墙）和外城三部分组成，其中障城、内城（坞墙）为汉代所筑，外城为宋、元时期加筑。障城位于内城（坞墙）西南部，南北方向，方形，边长70m，东墙正中开门。墙体夯土版筑，残高8.5m，基宽4～6m，中有椽柱孔，内部残存矮堞。宋元时期，将障城北墙向北、东、西各扩筑20m，使障城平面成为北大南小的"冒"字形，并补筑了障城西南角和西墙北段的望楼，在障门外加筑瓮城。内城（坞墙）北墙长约184m（现存166m），东墙长约155m，西墙长约94m（已冲毁），南墙长约116m，东、北二墙保存较好，北墙正中开门。坞墙夯土版筑，基宽2m，在东南角和东墙中间，各有一底基宽5m、高4.5m的望楼，东北角筑烽火台。残高1.65～2m。宋元时期在内城（坞墙）外约17m加筑外城，南北长约350m，东西长约250m，北墙和东墙保存较好。外城墙内有一条宽约5m的浅壕沟，东南角有一座汉代烽燧，夯土版筑，原高2.5m，宋元时期加筑至10m，将顶部汉代望楼改为小屋，两侧有脚窝登顶。

东大湾城遗址共计出土汉简约1 500枚，外城东屋出有汉简900余枚，内城及其边沿出土汉简500余枚，障城南墙出土有一小坛，内有西夏文印版文书和西夏文丝绸各一件。根据出土的邮书课判断此遗址为肩水都尉府治所。

西大湾城为边长约200m的方形城址，因濒临额济纳河，城址东南部损毁。

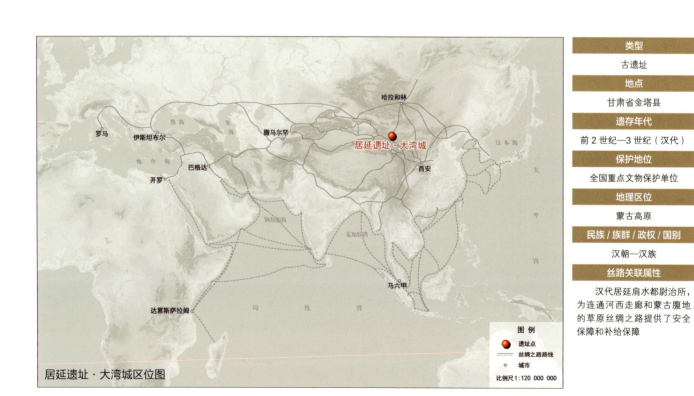

居延遗址·大湾城区位图　比例尺1:120 000 000

类型
古遗址
地点
甘肃省金塔县
遗存年代
前2世纪—3世纪（汉代）
保护地位
全国重点文物保护单位
地理区位
蒙古高原
民族/族群/政权/国别
汉朝—汉族
丝路关联属性
汉代居延肩水都尉治所，为连通河西走廊和蒙古腹地的草原丝绸之路提供了安全保障和补给保障

二、【丝路关联和价值陈述】

额济纳河（又名黑河）发源于祁连山，流经甘肃张掖后，向北穿过合黎山与马鬃山之间的分断缺口，进入今内蒙古额济纳旗，北端深入蒙古高原的大漠形成居延海，成为连通河西走廊和蒙古大漠的通廊，战略地位十分重要。西汉时期为防匈奴沿此通路进入河西，汉武帝在沿额济纳河一线修筑了一系列军事塞墙、城障、烽燧，置居延都尉、肩水都尉统辖。这一地区古泛称"居延"，今将这一系列的汉代城障烽燧遗址统称为"居延遗址"。

大湾城遗址是居延遗址中的大型军事城址，为肩水都尉府治所。大湾城西距肩水金关 7km，战略地位极为重要，军事建制级别较高。其军事屯戍活动既可防止匈奴沿额济纳河进入河西地区，又为连通河西走廊和蒙古腹地的草原丝绸之路提供了安全保障和补给保障。

参考文献

《全国重点文物保护单位》编辑委员会. 全国重点文物保护单位（第一批至第五批）第三卷 [M]. 北京：文物出版社，2004:478.

吴礽骧. 河西汉塞调查与研究 [M]. 北京：文物出版社, 2005:167–169.

图 10-1　远看东大湾城遗址

图 10-2　东大湾城障城遗址内部

图10-3　东大湾城遗址鸟瞰

图10-4 东大湾城障城南墙遗址

图10-5 东大湾城障城东墙遗址

图10-6 东大湾城障城东门遗址

图10-7 东大湾城外城东南角烽燧遗址

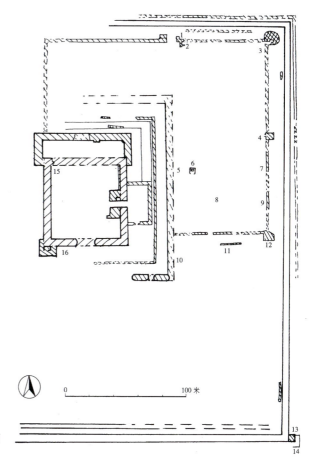

图10-8 东大湾城遗址平面

图10-9 从东大湾城遗址远眺西大湾城遗址

图10-10　西大湾城遗址鸟瞰，远眺东大湾城遗址

居延遗址·甲渠侯官
Site of Jiaqu Houguan Fortress, Site of Juyan

一、【事实性信息】

甲渠侯官，当地名称"破城子"，是汉代河西地区张掖郡下辖居延都尉甲渠侯官治所。位于内蒙古自治区额济纳旗南24km的戈壁滩上，即额济纳河下游三角洲，其创建年代至迟不晚于公元前87年（汉武帝末年）。

甲渠侯官防区内地势较平缓，遗址由障、坞、烽燧组成。城障位于汉代甲渠塞东约300m，烽燧多位于塞墙堑壕内侧，烽燧间距约1.3km（约合汉里三里）。甲渠侯官城障40余米见方，夯土堡墙厚达2m。门在东墙偏南，门外有曲尺形护门墙。院内建居室、仓库等。据考古报告称，其中一间5m×8m，当是侯官住室。城西北角外附建一小堡，方23.3m，土坯砌墙厚达4.5m，向侯城内开门。堡内靠西墙建屋，靠壁有磴道可登上墙顶，墙下曾出土有斗的柱子，说明小堡顶上建有大型防守瞭望用建筑。出土汉简5 000余枚，另有竹管毛笔、帛书、木器、竹器、铁器、陶器、铜器、角器、葫芦器、料器、织物和五铢钱等。

二、【丝路关联和价值陈述】

额济纳河（又名黑河）发源于祁连山，流经甘肃张掖后，向北穿过合黎山与马鬃山之间的分断缺口，进入今内蒙古额济纳旗，北端深入蒙古高原的大漠形成居延海，成为连通河西走廊和蒙古大漠的通廊，战略地位十分重要。西汉时期为防匈奴沿此通路进入河西，汉武帝在沿额济纳河一线修筑了一系列军事塞墙、城障、烽燧，置居延都尉、肩水都尉统辖。这一地区古称"居延"，今将这一系列的汉代城障烽燧遗址统称为"居延遗址"。

甲渠侯官是居延遗址中的一处障城，位于居延海附近，是居延都尉最北端的塞防。由于汉代居延海周边宜农宜牧的自然条件，此地很快成为西汉边塞屯田的一个中心。甲渠侯官的军事屯戍活动有力地控制了该地区，既有效防止匈奴沿额济纳河进入河西地区，又为连通河西走廊和蒙古腹地的草原丝绸之路提供了安全保障和补给保障。

参考文献
吴礽骧.河西汉塞调查与研究[M].文物出版社,2005:167–169.

类型
古遗址
地点
内蒙古自治区阿拉善盟额济纳旗
遗存年代
前2世纪—3世纪（汉代）
保护地位
全国重点文物保护单位
地理区位
蒙古高原
民族/族群/政权/国别
汉朝—汉族
丝路关联属性
汉代居延道最北端的塞防，为连通河西走廊和蒙古腹地的草原丝绸之路提供了安全保障和补给保障

居延遗址·甲渠侯官区位图

图11-1　甲渠侯官遗址全景

图11-2　甲渠侯官遗址障城内部（一）

图11-3　甲渠侯官遗址障城内部（二）

图11-4　甲渠侯官遗址障城墙体局部

图11-5 甲渠侯官遗址坞墙遗址

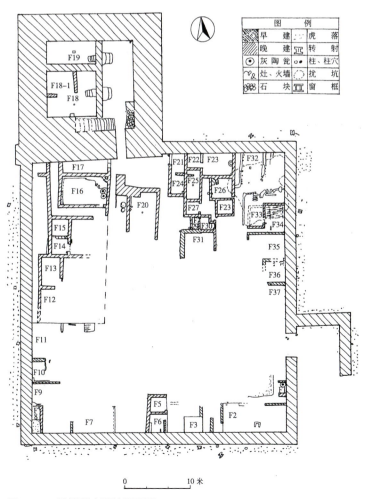

图11-6 甲渠侯官遗址出土汉简　　图11-7 甲渠侯官遗址平面图

骆驼城遗址
Site of Luotuo City

一、【事实性信息】

骆驼城遗址，是汉唐大型边郡城池。位于甘肃省高台县西骆驼城乡，黑河（额济纳河）绿洲边缘，南临祁连山北麓支脉榆木山。始建于汉，沿用至唐代。遗址包括城址、窑址、古防洪工程、墓群等，呈现出以古城为中心、周围墓群等放射状分布的格局。

骆驼城遗址轮廓清晰、结构完整。城垣坐北朝南，平面呈长方形，黄土夯筑，南北长724m，东西宽425m。城内被东西向隔墙分为南、北二城，南城较大，南北长560m；北城较小，南北长164m。南城东、西、南墙各设一门，皆有瓮城；北城北墙残损严重，城门不辨；南北城之间的隔墙正中开门，设瓮城。城垣四角有角墩，中部隔墙东西两端有腰墩。南北二城的东、西墙外约10m各有两座墩台，其中，南城外两座墩台与城墙相连，北城外两座则完全与城垣分离。南城内部西南角有一分隔出的内城，借南城西墙、南墙，东西长122m，南北长77m，内有建筑遗迹，北侧有一夯土台基。南城内西侧有1眼干涸古井，深10m。因城北河水冲刷与风蚀，北城北城墙、角墩和南城东垣已坍塌，仅余残基。此外，城外东南部还有3处夯土台基。

骆驼城墓群分布在城址南、西、北三面的戈壁滩中，共计墓葬3 000余座。窑址位于骆驼城遗址北2km处，现存9座，周围多散落砖、瓦、陶片。骆驼城遗址及墓群出土文物较为丰富，主要包括陶器、木器、铜器、彩绘壁画砖、简牍等。

二、【丝路关联和价值陈述】

骆驼城遗址位于河西走廊中段，古时属黑河水系马营河、摆浪河下游绿洲。其位置地处丝绸之路河西段交通线上，同时向北可沿黑河一线穿过合黎山，进入蒙古高原的丝绸之路草原沙漠支线"居延道"，是陆上丝绸之路和草原沙漠丝绸之路的重要汇合区域之一。

据考证，骆驼城故址在东汉至西晋为酒泉郡表氏县城，前凉至北周是建康郡郡治、表是（氏）县城，唐代在此设立建康军城，唐代宗大历元年（766年）河西建康军陷藩后，骆驼城逐渐废弃。自汉代至唐代，骆驼城一直是丝绸之路上重要的军事重镇和文化交流的融汇地，见证了600年间汉唐丝绸之路的繁荣。作为典型的汉唐边郡城池，骆驼城军事防戍设施齐备，堡垒坚固，北部冲积黄土地带为古代农耕区，为丝绸之路往来交通提供了坚实的安全保障和补给支撑。

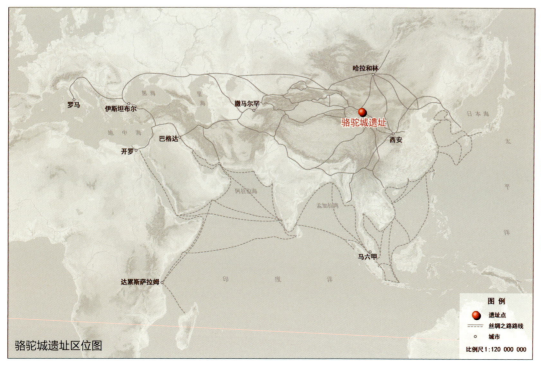

骆驼城遗址区位图

类型	古遗址
地点	甘肃省高台县
遗存年代	前1世纪—8世纪（汉—唐代）
保护地位	全国重点文物保护单位
地理区位	河西走廊
民族/族群/政权/国别	汉朝—汉族
丝路关联属性	河西走廊的军事重镇和文化交流的融汇地，为汉唐河西走廊段丝绸之路的交通和交流提供了安全保障和补给保障

骆驼城遗址周围出土的大量彩绘壁画砖、木版画和彩绘木器，栩栩如生地反映了该时期中西文化交流的繁荣景象，实证了历史上这里曾是中西文化交流的聚集地。

参考文献

吴景山.丝绸之路在甘肃的线路述论[J].兰州大学学报(社会科学版),2013,41(03):1-10.

李并成.甘肃省高台县骆驼城遗址新考[J].中国历史地理论丛,2006(01):108-112.

图12-1　骆驼城南城门与内城遗址鸟瞰

图12-2　骆驼城西南内城遗址鸟瞰

图 12-3 骆驼城遗址鸟瞰

图12-4　骆驼城南城墙遗址

图12-5　骆驼城隔墙遗址

图12-6　骆驼城西城墙与西城门遗址

图12-7　北望骆驼城东腰墩及东北敌台遗址

图12-8　骆驼城西南角墩遗址

图12-9　骆驼城西南敌台夯筑痕迹

麻札塔格戍堡遗址
Site of Mazartag Fortress

一、【事实性信息】

麻札塔格戍堡遗址，是麻札塔格山谷的军事堡垒。位于新疆维吾尔自治区西南部墨玉县驻地喀拉喀什镇北166km，和田河西侧，麻札塔格山东段山顶。麻札塔格戍堡初建于东汉时期、延续使用至唐、宋时期。

麻札塔格戍堡依山势而建，海拔约1 248m，气势雄伟。戍堡由三重墙垣组成，建筑总面积约为1 100m²。第一重为堡内居址，分南北二室，北室面阔7.5m，进深7.3m，总面积为55m²。南北二室的西墙至今保存较好，由主墙与女儿墙合璧而成，主墙用土坯垒砌，女儿墙用夯土夹红柳枝构筑，墙顶面宽约3m。女儿墙两端直接与南北两个方形墙台相接。第二重墙垣在第一重东面，主要用土坯垒砌，有些墙垣中夹有粗大的胡杨树杆、红柳枝、芦苇及蒲草编制的辫子状的绳子，墙厚1.5～2.7m，最高处约6m。第三重内堆积有2～3cm厚的牲畜饲料和粪便，应属马厩遗址。堡西侧约50m处有一座烽燧，高约10m，边长约9m×7m。堡北侧有佛寺遗址，寺内残存半圆形塑像基座和两侧的方形台基。

出土文物包括政治、军事、交通、经济、宗教等方面的汉文、古藏文、于阗文、古维吾尔文和阿拉伯文等文书。还有木器、铁器、铜器、陶器、皮革制品、丝物、钱币等遗物。尤其是汉文和古藏文文书的大量出土，充分印证了麻札塔格戍堡在塔里木盆地南北交通线上的重要地位。

二、【丝路关联和价值陈述】

塔克拉玛干沙漠面积辽阔，气候恶劣。和田河发源于塔克拉玛干沙漠以南的喀喇昆仑山和昆仑山，自南向北穿过大沙漠，汇入沙漠以北的塔里木河，因而沿和田河一线成为沟通塔里木盆地南北两条丝绸之路的重要交通线路，是古代丝绸之路上龟兹和于阗之间的必经之路。麻札塔格山山体呈长条形，东西向横卧在塔克拉玛干沙漠西部，东端被和田河截断，形成麻札塔格山谷。

麻札塔格戍堡选址于麻札塔格山谷高处，俯瞰和田河，

麻札塔格戍堡遗址区位图

类型
古遗址
地点
新疆维吾尔自治区墨玉县
遗存年代
2—12世纪（东汉—宋代）
保护地位
全国重点文物保护单位
地理区位
天山南北
民族/族群/政权/国别
于阗国
丝路关联属性
戍守麻札塔格山谷的军事堡垒，为丝绸之路上塔里木盆地南北的龟兹和于阗之间的必经之路提供了安全保障

扼守谷口，是于阗国戍守和田河交通枢纽的重要军事设施，是龟兹和于阗之间交通线的重要安全保障，保障了塔里木盆地南北丝绸之路之间的交通联系。

参考文献：
《全国重点文物保护单位》编辑委员会.全国重点文物保护单位（第一批至第五批）第四卷[M].北京：文物出版社，2004：682
新疆维吾尔自治区文物局.新疆维吾尔自治区长城资源调查报告[M].北京：文物出版社，2014.

图13-1 麻扎塔格戍堡遗址远景

图13-2 麻扎塔格戍堡遗址

图13-3 麻扎塔格戍堡遗址东南向西北

图13-4 麻扎塔格戍堡遗址西北向东南

图13-5 麻扎塔格戍堡遗址西面

图13-6 麻扎塔格戍堡遗址西南

图13-7 麻扎塔格戍堡与烽燧遗址

图13-8 麻扎塔格戍堡遗址墙垣局部

锁阳城遗址
Site of Suoyang City

一、【事实性信息】

锁阳城遗址，是河西走廊西端的大型唐代城址。位于甘肃省酒泉市瓜州县东南 62km 的荒漠戈壁中，地处疏勒河的昌马冲积扇西缘，南靠祁连山余脉长山子，东西两侧分别有疏勒河和榆林河。考古调查和勘探初步推测年代约为公元 7—13 世纪，可能为唐代瓜州城故址。

锁阳城遗址主要遗存包括锁阳城城址、农业灌溉渠系遗迹、锁阳城墓群和塔尔寺遗址。锁阳城城址包含内城、外城和外城西北角两处堡子遗址。内城、外城平面均呈不规则方形。内城总面积约 28.5 万 m^2，城中有南北向隔墙将其分为东、西两部分。城墙墙体上有城门、瓮城、马面和角墩等设施。外城西北部有一条东西向隔墙，将外城分为南北两部分。外城东、北两区距内城城墙 20～30m 处建有一道小墙，俗称"羊马城"，是城市的又一道防御工事。2 处堡子分布于外城西北，相距约 80m，平面呈方形，夯土筑造。

锁阳城农业灌溉渠系遗迹分布于锁阳城周边区域，包括疏浚工程、拦水坝、干渠、支渠、斗渠、毛渠等。锁阳城墓群分布于锁阳城城址南面和东南面，以唐代墓葬为主。城址东侧 1km 处有塔尔寺遗址，是一处大型佛教寺院遗址，考古推测为唐至西夏时期遗存。

二、【丝路关联和价值陈述】

锁阳城遗址位于河西走廊西端的荒漠戈壁中，选址于疏勒河的昌马冲积扇西缘，是古代丝绸之路上连接中原与西域地区的交通枢纽。锁阳城的内城、外城双重城墙，以及墙体上的瓮城、马面、角墩及堡子等共同构成了保存完好的城市防御体系，与经由灌溉技术形成的古垦区一起，为河西走廊上千公里的长距离交通提供了重要的安全保障和补给保障，是人类开展长距离交通和交流的典型保障性城址，可为帝国大型交通保障体系中的防御制度提供特殊的见证。

参考文献：
Silk Roads: the Routes Network of Chang'an-Tianshan Corridor[EB/OL]. http://whc.unesco.org/en/list/1442.

类型
古遗址
地点
甘肃省酒泉市
遗存年代
7—13 世纪（唐—宋代）
保护地位
世界遗产/全国重点文物保护单位
地理区位
河西走廊
民族/族群/政权/国别
唐朝—汉族
丝路关联属性
河西走廊大型保障性城址，为唐宋河西走廊段丝绸之路的交通和交流提供了安全保障和补给保障

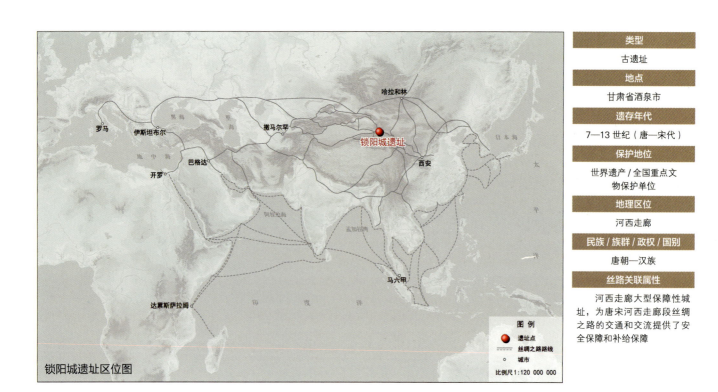

锁阳城遗址区位图

图14-1　锁阳城遗址内城北城墙

图14-2　锁阳城遗址内城

图14-3 锁阳城遗址鸟瞰

图14-4 锁阳城遗址内城北城门瓮城

图14-5 锁阳城遗址内城东城墙

图14-6　塔尔寺遗址鸟瞰

图14-7　塔尔寺遗址远景

图14-8　塔尔寺遗址近景

图14-9　锁阳城堡子遗址

公主堡遗址
Site of Princess Fortress

一、【事实性信息】

公主堡遗址，是唐代军事戍堡。又名"克孜库尔干古堡"，民间又称"姑娘城堡"。位于新疆维吾尔自治区塔什库尔干塔吉克自治县塔什库尔干乡萨热吉勒尕村，帕米尔高原南麓、塔什库尔干山顶上，海拔4 000m，东侧山脚为通往瓦罕走廊的古道，对岸的塔什库尔干河东岸有鄂加克保依城堡和墓葬。始建年代推测早于公元7世纪的唐代。

公主堡由城垣和内部房址组成。城垣石块垒砌，平面呈不规则形，南北长约132m、东西长约64m，西南高东北低，城墙沿着山边修筑，高低起伏，弯弯曲曲，无规则。西南角墙体有马面一座。城中现存13处房屋建筑遗址，主要集中于北部。因日晒和风雨侵蚀等自然因素破坏，致使城堡的墙垣多处坍塌。城内怪石成堆，曾出土陶片、石器等。

二、【丝路关联和价值陈述】

瓦罕走廊（Wakhan Corridor）是丝绸之路上穿越葱岭的重要通道，西起阿富汗阿姆河上游的喷赤河及其支流帕米尔河，东接我国新疆塔什库尔干塔吉克自治县塔格敦巴什河谷，北依帕米尔高原南缘，南傍兴都库什山脉最险峻的东段，长约400km。瓦罕走廊连接着西域通向中亚、南亚各国的道路，为古代亚欧大陆最重要的交通线之一，具有重要的战略地位。

公主堡控扼瓦罕走廊东口，是丝绸之路从葱岭出入境的重要关口，是连接南亚、中亚、东亚的交通枢纽，战略地位十分重要，为丝绸之路经瓦罕走廊穿越葱岭的交通线提供了安全保障。

参考文献：
新疆维吾尔自治区文物局.新疆维吾尔自治区长城资源调查报告[M].北京：文物出版社,2014.
西仁·库尔班.塔什库尔干地区主要考古发现与名胜古迹[J].新疆大学学报(哲学社会科学版),2002(03):79-83.
李宗俊.瓦罕走廊的战略地位及唐前期与大食等在西域南道的角逐[J].中国边疆史地研究,2019,29(01):140-153,216.

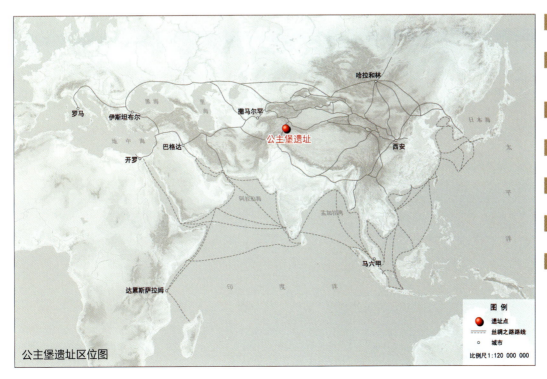

公主堡遗址区位图

类型
古遗址
地点
新疆维吾尔自治区塔吉克自治县
遗存年代
7世纪（唐代）
保护地位
省级文物保护单位
地理区位
天山南北
民族/族群/政权/国别
唐朝—汉族
丝路关联属性
扼守丝绸之路上瓦罕走廊的重要关口，是连接南亚、中亚、东亚的交通枢纽，为丝绸之路经瓦罕走廊穿越葱岭的交通线提供了安全保障

图15-1　公主堡遗址鸟瞰

图15-2　公主堡遗址　由东向西

图15-3　公主堡遗址马面　由南向北

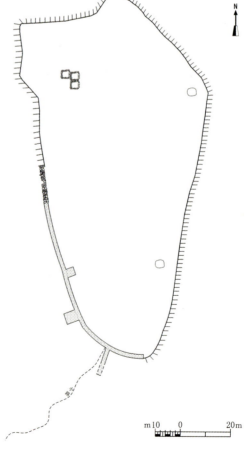

图15-4　公主堡遗址平面图

卡拉摩尔根遗址
Site of Karamergen

一、【事实性信息】

卡拉摩尔根遗址，是公元 9-13 世纪伊犁河三角洲流域中最大也是最北部的商贸交通集镇。位于哈萨克斯坦共和国阿拉木图州西北部巴尔喀什湖以南、巴卡纳斯镇（Bakanas Village）东北方向 200km 处的奥尔塔苏河（Ortasu）与谢特巴卡纳斯河（Shet-Bakenas）的干河床交汇处以北 3km；属伊犁河古代三角洲下游地区。

遗址坐落在高沙岭和旧河道之间的平地上，建有十分完备的防御工事。城址平面为 115m×120m 的矩形，墙高 3m，四角有高 4.5m 的圆塔。东北和西南另有两个现存 3.5m 高的圆塔。从南侧的塔往东 20m，有一个 1.5m 高的陡坡壁垒环绕的梯形结构。西面的塔为圆锥形，顶部设置一个边长 3m 的正方形瞭望台，有砖砌的护墙。塔是用尺寸为 55cm×25cm×8.5cm 的砖坯建造的，防御墙用泥砖、帕赫萨块和生黏土块建造，外层加以抹灰。这些由防御城墙、角塔、圆塔、"L"形的坡道以及沟渠等元素构成的整体性防御工事，确保了商旅队伍的安全。

城址及周边的供水主要通过一系列天然和人工的水利系统将河水引入。谢特巴卡纳斯河（Shet-Bakenas）西侧支流阿库姆河道（Akkum channels）引入河水，河道宽 10～15m，长达 10km；沿岸保留有宽 5～7m、高约 1m 的壁垒遗迹，引导河中的水流向城址。在离水源不远的地方还有水坝遗址，用于抬高运河的水位，使水可以随着重力注入河道。

农业灌溉系统包括了带大坝的河道、蓄水池、主运河与第二级河道、分配装置和规划的田地。在奥尔塔苏河（Ortasu）上游另有三个水坝遗址，在地表可以看到有陡坡形态的壁垒，宽 3～4m，高 1.5～2m。在靠近水坝的相邻地区留存有农田遗迹，精心规划的土地被滚压机分割成矩形、菱形、正方形，地块面积从 10m×12m 到 20m×20m 不等。

以上这些基础设施既服务城市，也维持着途径沙漠的商旅队伍的活力。此外，在城镇和聚居地之间的一段段沙漠地带设有一系列饮水井，为商旅队伍顺利通过提供了水源补给。

在城郊地区发掘出的三处窑址中发现了许多带彩釉的陶器碎片。还发现用铁、有色金属、有色玻璃和半稀有石制作

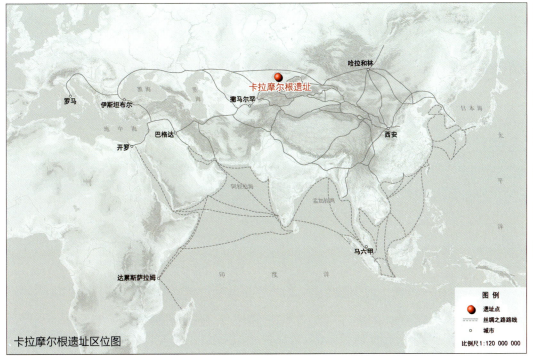

卡拉摩尔根遗址区位图

类型
古遗址
地点
哈萨克斯坦共和国阿拉木图州
遗存年代
9—12 世纪
保护地位
世界遗产
地理区位
七河地区
民族/族群/政权/国别
唐朝、葛逻禄
丝路关联属性
从七河地区到东突厥斯坦以及哈萨克斯坦中心和北部地区贸易路线上的重要中转点，为七河地区的丝绸之路交通和交流提供了安全保障和补给保障

的首饰。在文化层中发现了大量的骨头、陶器、赤陶和家庭杂物。此外，还采集到大量的陶器和铜矿渣，这表明此地也是铸铜生产中心。在聚居地北面的一个小型蓄水池边清理出了陶器窑炉遗迹。

二、【丝路关联和价值陈述】

巴尔喀什湖南部广阔的荒漠地带气候条件颇为恶劣，卡拉摩尔根准确地选址于萨雷耶西克半岛地区(Saryesik Peninsula)和窄海峡地区的地域性的走廊，通过这处走廊，商旅队可以涉水、使用船只木筏，甚至在冬天从冰上渡过巴尔喀什湖，然后继续前进。这条通路使人们能够最快、最省力地渡过湖泊。由此，卡拉摩尔根成为从七河地区连接周边地区最直接、最方便的重要中转点：从七河地区到东突厥斯坦以及哈萨克斯坦北部地区，或向西连通哈萨克斯坦中心地区，然后可到达东欧，其作为巴尔喀什地带重要的商贸路线中转站，见证了丝绸之路在七河地区的交通。同时，卡拉摩尔根遗址完备的防御工事，及优质完善的水利和农田灌溉系统，为丝绸之路往来交通提供了重要的安全保障和补给保障，支撑了沙漠上的长距离艰难交通。其与自然条件互动的选址，对水利资源、土地资源的利用与建设，展现了长距离交通条件下人类对自然环境的依托、利用和改造。

参考文献：
Silk Roads: the Routes Network of Chang'an-Tianshan Corridor[EB/OL]. http://whc.unesco.org/en/list/1442.

图16-1 卡拉摩尔根遗址鸟瞰

图16-2　远看卡拉摩尔根遗址城墙

图16-3　出土卷线器

图16-4 卡拉摩尔根遗址城墙（一）

图16-5 卡拉摩尔根遗址城墙（二）

蓬莱水城
Site of Penglai Water City

一、【事实性信息】

蓬莱水城，又名备倭城，是明、清两代的海防要塞。位于山东省蓬莱市登州镇水城村丹崖山东麓，负山控海，地势险峻。原为宋代刀鱼寨旧址，明洪武九年（1376 年）始建，依山麓地形筑土城，万历二十四年（1596 年）又在土城外砌砖石加固、增筑敌台，用以停泊舰艇、操练水师。

蓬莱水城占地 27 万 m^2，呈南宽北窄的不规则长方形，最窄处约 160m，最宽处约 400m，南北长约 920m，城周长约 2 200m。水城建筑包括海港建筑和防御性建筑。海港建筑有水门、防波堤、平浪台、码头、灯楼；防御性建筑包括城墙、城门、敌台、炮台、护城河等。

水城开南北二门，南门振扬门与陆路相通，北门为出海口处的水门，以闸门开闭管理船只进出。城内有小海，原为画河河道，筑城时将河道扩展挖深，引入海水形成内海，并将画河导入护城河，沿水城东侧入海。小海中设横桥以贯东西，原为木吊桥，现改为四孔石桥。北岸平浪台迎向水门，其外东侧有巨石堆砌的防波堤，东西设炮台两座。水城东、西、北三面各设敌台一座。

二、【丝路关联和价值陈述】

登州港扼渤海海峡之咽喉，是我国古代重要的贸易港口和军事港口，也是我国海上丝绸之路的起点之一。蓬莱水城是明、清两代登州港最重要的海防要塞，曾由抗倭名将戚继光镇守，是迄今我国现存最早、保存最为完好的古代水军基地。其以保存完整的海港建筑和防御性建筑格局，独到的港址选择、港湾设计及工程技术，展示了海上丝绸之路沿线海港堡垒的典型格局和复合型功能，对防御倭寇入侵、保障海上航运安全起到了重要的作用，为海上丝绸之路提供了交通安全保障。

参考文献：
《全国重点文物保护单位》编辑委员会. 全国重点文物保护单位（第一批至第五批）第二卷[M]. 北京：文物出版社，2004:290.
朱龙,董韶华.登州港与东方海上丝绸之路[J].中国海洋大学学报(社会科学版),2004(04):23-27.

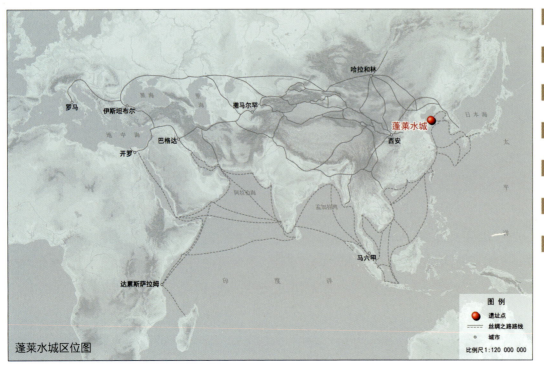

蓬莱水城区位图

类型
古建筑
地点
山东省蓬莱市
遗存年代
14—20 世纪（明—清代）
保护地位
全国重点文物保护单位
地理区位
东部沿海
民族 / 族群 / 政权 / 国别
明朝—汉族
丝路关联属性
明清两代登州港最重要的海防要塞，为海上丝绸之路提供了交通安全保障

图17-1 蓬莱水城小海鸟瞰

图17-2　蓬莱水城鸟瞰

图17-3 蓬莱水城水门与防波堤鸟瞰

图17-4　蓬莱水城水门

图17-5　蓬莱水城防波堤

图17-6　蓬莱水城码头遗址

图17-7　蓬莱水城小海与四孔石桥

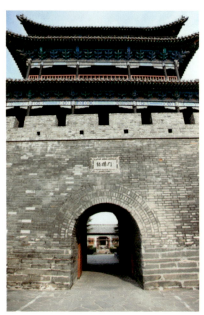

图17-8　蓬莱水城振扬门

图17-9　蓬莱水城东城墙遗址

烽 燧

居延遗址·额济纳河烽燧群
Beacon Towers along Ejna River, Site of Juyan

一、【事实性信息】

额济纳河烽燧群，是汉代在古居延地区设置的烽燧系列。位于内蒙古自治区额济纳旗、甘肃省金塔县境内，沿额济纳河流域绵延300余千米。烽燧群始建于公元前2世纪汉武帝时期。

烽燧沿河修筑，与塞墙、城障、坞堡、天田等工事共同组成完整的居延防御体系，设居延都尉、肩水都尉管辖。居延都尉所辖区域由4个塞、6组烽燧线构成，现存烽燧遗址共计约127处，分别为殄北塞、甲渠塞、卅井塞、居延塞；肩水都尉所辖区域由3个塞、7组烽燧线构成，现存烽燧遗址共计约95处，分别为广地塞、橐他塞、肩水塞。额济纳河烽燧群出土汉简二万多枚，又称"居延汉简"，记载涉及汉代社会戍边屯田等各个领域，其中《塞上烽火品约》册是汉代候望烽燧系统方面具有代表性的资料。

二、【丝路关联和价值陈述】

额济纳河（又名黑河）发源于祁连山，流经甘肃张掖后，向北穿过合黎山与马鬃山之间的分断缺口，进入今内蒙古额济纳旗，北端深入蒙古高原的大漠形成居延海，成为连通河西走廊和蒙古大漠的通廊，战略地位十分重要。西汉时期为防匈奴沿此通路进入河西，汉武帝在沿额济纳河一线修筑了一系列军事塞墙、城障、烽燧，置居延都尉、肩水都尉统辖。这一地区古泛称"居延"，今将这一系列的汉代城障烽燧遗址统称为"居延遗址"。

额济纳河烽燧群是居延遗址中的烽燧集群。沿额济纳河一线的古居延地区是历代草原丝绸之路古道上的黄金通道，额济纳河烽燧群是汉代以来维护草原丝绸之路的重要交通设施遗存，并与周边的城、障、关隘、壕堑、天田等工事一起构成了居延地区完整的防御体系，见证汉帝国大型交通保障体系中的交通管理制度、邮驿制度、烽燧制度与长城防御制度，为连通河西走廊和蒙古腹地的草原丝绸之路提供了安全保障。

参考文献

吴礽骧. 河西汉塞调查与研究 [M]. 北京：文物出版社, 2005.
中国社会科学院考古研究所. 居延汉简甲乙编 .[M]. 北京：中华书局出版, 1980.
甘肃省文物工作队. 额济纳河下游汉代烽燧遗址调查报告 [M]// 甘肃省文物工作队. 汉简研究文集. 兰州：甘肃人民出版社, 1984.
初仕宾, 任步云. 居延汉代遗址的发掘和新出土的简册文物 [J]. 文物, 1978(01):1–25, 98–104.

居延遗址·额济纳河烽燧群区位图

类型
古建筑
地点
内蒙古自治区额济纳旗、甘肃省金塔县
遗存年代
前2世纪—3世纪（汉代）
保护地位
全国重点文物保护单位
地理区位
蒙古高原
民族/族群/政权/国别
汉朝—汉族
丝路关联属性
汉代沿额济纳河一线的古居延地区的烽传系统和屯戍系统，为连通河西走廊和蒙古腹地的草原丝绸之路提供了安全保障

图18-1　T158烽燧（一）

图18-2　A2查汗松治烽燧

图18-3　A30烽燧

图18-4　P11卅井塞烽燧（一）

图18-5　P11卅井塞烽燧（二）

图18-6　T120碎石板烽燧

图18-7　T137烽燧

图18-8　T13烽燧

图18-9　T13烽燧内部

图18-10 T158烽燧（二）

图18-11 T138烽燧

图18-12 T29石头烽燧

图18-13 T28石头烽燧

敦煌烽燧群
Beacon Towers in Dunhuang

一、【事实性信息】

敦煌烽燧群，是在敦煌地区设置的烽燧系列。位于甘肃省敦煌市境内，包含北塞和南塞两组烽燧线。始建于公元前2世纪汉武帝"据两关、列四郡"时期，属河西敦煌郡，后魏晋南北朝、隋唐、宋元、明清时期均有零星增筑。

敦煌境内的烽燧遗址现存约120处，以汉代烽燧为主，包括北塞和南塞烽燧线。敦煌北塞烽燧呈东西向沿疏勒河南岸布局，向西延伸至疏勒河终点盆地——榆树泉盆地，其中，朱爵燧以东属中部都尉，现存烽燧51座，下辖平望侯官（烽燧9座，塞防20公里）、破胡侯官（烽燧16座，塞防约23公里）、吞胡侯官（烽燧18座，塞防约20公里）、万岁侯官（烽燧8座，塞防约31公里）。仓亭燧以西至广昌燧属玉门都尉，现存烽燧36座，下辖大煎都侯官（烽燧14座，塞防约58公里）、玉门侯官（烽燧22座，塞防约64公里）。敦煌南塞烽燧现存属阳关都尉管辖的烽燧10座，汉效谷县南境塞防烽燧3座，汉晋时期驿道沿线的驿置邮亭15座，此外还有其他魏晋时期在敦煌境内修建的烽燧5座。

二、【丝路关联和价值陈述】

敦煌烽燧群部分属于全国重点文物保护单位"玉门关及汉长城遗址"和世界文化遗产"丝绸之路：长安－天山廊道的路网·玉门关遗址"。敦煌烽燧作为完整的边塞烽燧系统和边疆屯戍之所，北防匈奴，南防羌，有力保障了敦煌地区的安定，见证了汉代大型交通保障体系中的烽燧制度，守卫了汉代边郡通往西域的丝绸之路孔道，为河西走廊与西域之间的丝绸之路提供了安全保障。

参考文献：
吴礽骧，河西汉塞调查与研究[M]，北京：文物出版社，2005.

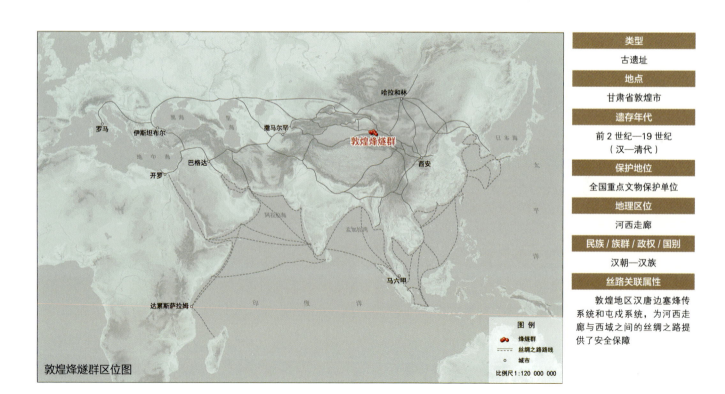

敦煌烽燧群区位图

类型
古遗址
地点
甘肃省敦煌市
遗存年代
前2世纪—19世纪（汉—清代）
保护地位
全国重点文物保护单位
地理区位
河西走廊
民族／族群／政权／国别
汉朝—汉族
丝路关联属性
敦煌地区汉唐边塞烽传系统和屯戍系统，为河西走廊与西域之间的丝绸之路提供了安全保障

图19-1 仓亭烽燧

图19-2 当谷烽燧

图19-3 墩子湾烽燧

图19-4 阳关烽燧

图19-5 双窑礅烽燧

图19-6　广武烽燧

图19-7　凌胡烽燧

图19-8　马花甲烽燧

图19-9　马迷途烽燧

图19-10　牛涵水烽燧

图19-11 严胡烽燧

图19-12 天桥墩烽燧

图19-13 西减墩烽燧

孔雀河烽燧群
Beacon Towers along Kongque River

一、【事实性信息】

孔雀河烽燧群，是汉晋时期丝绸之路楼兰道上的烽燧系列。分布在新疆维吾尔自治区尉犁县境内孔雀河流域的干涸河床或山坡地上。烽燧群年代为汉晋时期，始建于公元前100年左右。

烽燧群地处营盘古城到库尔勒之间，基本走势是由楼兰沿孔雀河故道向库尔勒方向延伸，在孔雀河畔东西断断续续分布达150km。目前已发现的烽燧之间间距5～10km不等。根据调查，从尉犁县营盘古城北的营盘烽燧算起有十余座汉代烽燧遗存，自东向西依次为脱西克烽燧、脱西克西烽燧、克亚克库都克烽燧、卡勒塔烽燧、库木什烽燧、沙鲁瓦克烽燧、阿克吾尔地克烽燧、萨其该烽燧、孙基烽燧、孙基西亚克伦烽燧、苏盖提烽燧等。烽体为方形，残高3～10m不等，形制为夯土及土坯修筑而成。

二、【丝路关联和价值陈述】

孔雀河位于天山南麓，发源于博斯腾湖，向东流入罗布泊。孔雀河流域西起焉耆，东接古楼兰，是古丝绸之路中道（楼兰道）所在。孔雀河烽燧群即沿天山南麓的丝绸之路中道（楼兰道）分布，东接楼兰、敦煌，西连乌垒，布局有序、分布较广，是该交通线上军事防御、情报通讯的军事设施。见证了汉代大型交通保障体系中的烽燧制度，为丝绸之路中道（楼兰道）提供了安全保障。

参考文献：
《全国重点文物保护单位》编辑委员会.全国重点文物保护单位（第一批至第五批）第三卷[M].北京：文物出版社，2004.

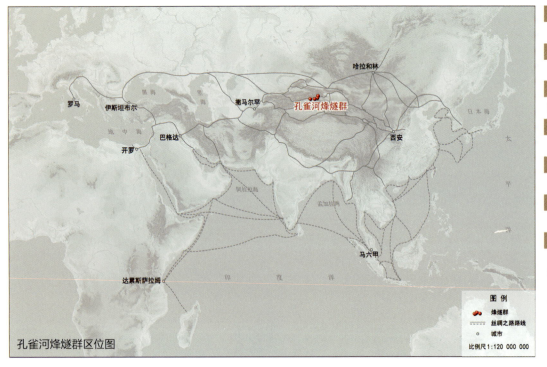

孔雀河烽燧群区位图　比例尺1:120 000 000

类型
古遗址
地点
新疆维吾尔自治区尉犁县
遗存年代
前1世纪—4世纪（汉—晋）
保护地位
全国重点文物保护单位
地理区位
天山南北
民族/族群/政权/国别
汉朝—汉族
丝路关联属性
汉晋时期楼兰地区边塞烽传系统和屯戍系统，为沿天山南麓的丝绸之路中道（楼兰道）提供了安全保障

图20-1　脱西克烽燧

图20-2　脱西克西烽燧

图20-3　克亚克库都克烽燧

图20-4　卡勒塔烽燧

图20-5　库木什烽燧

图20-6　沙鲁瓦克烽燧

图20-7　阿克吾尔地克烽燧

图20-8　萨其该烽燧

图20-9　孙基烽燧

图20-10　亚克仑烽燧

图20-11　苏盖提烽燧

塔里木河中段烽燧群
Beacon Towers along Midstream of Tarim River

一、【事实性信息】

塔里木河中段烽燧群，是汉唐时期沿塔里木河流域设置的烽燧系列。位于新疆维吾尔自治区轮台县、库车县、新和县和沙雅县境内，沿塔里木河及其支流迪那尔河、库车河、渭干河、克孜尔河岸，大体呈东西走向带状分布。塔里木河中段烽燧群始建于公元前2世纪，大多修建于公元前1世纪汉宣帝时期，以西域都护府（乌垒城今轮台县野云沟乡附近）为中心向四周扩展此段烽燧线。公元8世纪唐代在此设烽燧线以防御吐蕃。

现存烽燧主要有轮台县的拉依苏西烽火台、库车县的克孜尔尕哈烽燧、墩买力吐尔烽火台、丘甫吐尔烽火台、阔空巴孜烽火台、柯西烽火台、科实吐尔烽火台、桑塔木烽火台、羊达克库都克烽燧等十余处。其中克孜尔尕哈烽燧是目前中国新疆保存最好、规模最大的烽燧，平面呈长方形，由基底向上逐渐收缩呈四棱台状，残高约13m，底边长约6m×4.5m，夯土版筑，夯层厚10~20cm不等。

二、【丝路关联和价值陈述】

塔里木河中段烽燧群位于天山南麓丝绸之路中路西行通往古龟兹、疏勒及天山北麓乌孙的交通要道上，烽燧群遗址既环绕驻军屯田遗址群，又兼顾丝路中道烽隧线的布局及完整，具有卫护丝绸之路中道和卫护唐安西都护府军事基地的双重功能。见证了汉代与唐代大型交通保障体系中的烽燧制度，为西域丝绸之路中道提供了安全保障。

参考文献：
《全国重点文物保护单位》编辑委员会.全国重点文物保护单位（第一批至第五批）第三卷[M].北京：文物出版社，2004.
邢春林.新疆渭干河西岸唐代烽燧遗址的调查与研究[C]//新疆龟兹学会.龟兹学研究.乌鲁木齐：新疆大学出版社，2006.

类型
古遗址
地点
新疆维吾尔自治区轮台县、库车县、新和县和沙雅县
遗存年代
前2世纪—8世纪（汉—唐代）
保护地位
世界遗产/全国重点文物保护单位
地理区位
天山南北
民族/族群/政权/国别
汉朝—汉族
丝路关联属性
汉唐时期天山南麓塔里木河流域的烽传系统和屯戍系统，卫护唐安西都护府军事基地，为丝绸之路中道通往古龟兹、疏勒及天山北麓乌孙的交通提供了安全保障

塔里木河中段烽燧群区位图
比例尺1:120 000 000

图21-1 克孜尔尕哈烽燧及环境

图21-2　克孜尔尕哈烽燧全景

图21-3　克孜尔尕哈烽燧

图21-4　墩买力吐尔烽燧

图21-5　丘甫吐尔烽燧

图21-6　阔空巴孜烽燧

图21-7　科实吐尔烽燧

图21-8 桑塔木烽燧

图21-9 羊达克库都克烽燧

图21-10 拉依苏西烽燧

巴里坤烽燧群
Beacon Towers in Barköl Kazakh Autonomous County

一、【事实性信息】

巴里坤烽燧群，是沿丝绸之路新北道设置的烽燧系列。位于新疆维吾尔自治区哈密市巴里坤哈萨克自治县。始建于公元8世纪唐代，沿用至清。

巴里坤县境内烽燧共计29座，其中唐代烽燧10座，属于唐代烽燧北线，分布于巴里坤草原上。自东向西为东庄子烽燧、中湖村烽燧、岔哈泉烽燧、四塘泉烽燧、石板墩烽燧（红星牧场）、三塘泉烽燧、大红山北烽燧、马王庙东山顶烽燧、白墩烽燧、石板墩烽燧（三塘湖）。

二、【丝路关联和价值陈述】

隋代伊吾地区归附，唐代在伊吾设伊州，在天山北麓伊吾以西形成了一条新的交通线"新北道"，即丝绸之路北道。根据《隋书·裴矩传》引《西域图记》中的叙述，隋唐新北道东起伊吾，经蒲类海（巴里坤湖）、铁勒部、突厥可汗庭，度北流河水至拂林国（东罗马）。巴里坤烽燧群位于古蒲类海周边，是唐代丝绸之路北道上重要的军事交通设施，为丝绸之路新北道伊吾至北庭的交通提供了安全保障。

参考文献：
新疆维吾尔自治区文物局.新疆维吾尔自治区第三次全国文物普查成果集成：巴里坤县卷[M].北京:科学出版社，2011.
惠芳.新疆地区唐代军事遗存的考古学观察[D].西安：西北大学,2015.

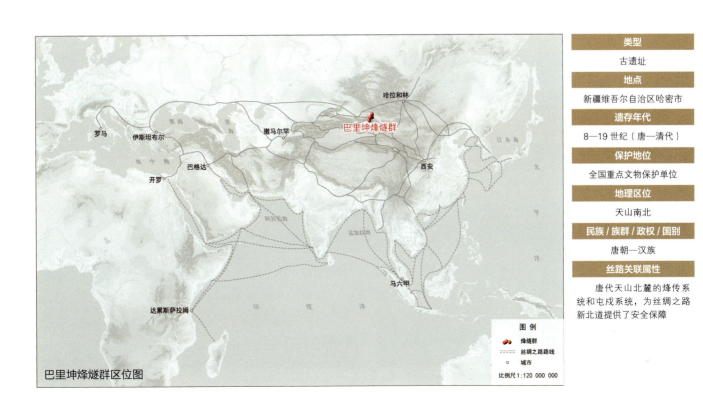

巴里坤烽燧群区位图

类型
古遗址
地点
新疆维吾尔自治区哈密市
遗存年代
8—19世纪（唐—清代）
保护地位
全国重点文物保护单位
地理区位
天山南北
民族/族群/政权/国别
唐朝—汉族
丝路关联属性
唐代天山北麓的烽传系统和屯戍系统，为丝绸之路新北道提供了安全保障

图22-1　中湖村烽燧远景（南—北）

图22-2　东庄子烽燧南面（南—北）

图22-3　东庄子烽燧下部石块中夹筑的树枝

图22-4　中湖村烽燧东面（东—西）

图22-5　岔哈泉烽燧西面和南面土坯中夹筑的木棍（西南—东北）

图22-6　石板墩烽燧南面（南—北）

图22-7　石板墩烽燧北面（北—南）

图22-8　三塘泉烽燧南面（南—北）

图22-9　大红山北烽燧南面（南—北）

图22-10　马王庙东山顶烽燧北面（北—南）

图22-11　白墩烽燧北面（北—南）

图22-12　四塘泉烽燧远景（西—东）

别迭里烽燧
Bedel Beacon Tower

一、【事实性信息】

别迭里烽燧,又名"窝依塔勒烽火台",一般认为即《新唐书》中记载的"粟楼烽"。是焉耆、龟兹烽燧带的汉唐烽燧。位于新疆维吾尔自治区阿克苏地区乌什县亚曼苏柯尔克孜族乡窝依塔勒村西约20km的戈壁滩上,南约10m为通往别迭里山口的东西向简易公路,西约0.5km为别迭里河。别迭里烽燧经两次修筑,东汉为夯土修筑,唐代为石土垒砌。

别迭里烽燧大致呈覆斗形,平面呈圆角长方形。底部东西约12.7、南北约9.8m,顶部东西约7.5、南北约3.5m,残高约7.3m。烽火台为2次构筑,早期为夯土筑成,夯层厚约0.15~0.2m,夯土间夹有原木和树枝,原木直径6~12cm,层间距约0.1~0.15m。晚期修筑即在夯层四周用长约20~40cm、宽15~20cm的卵石垒砌,在卵石间填有小砾石和黄土。除北壁保存较好外,其他三壁均已坍塌,卵石大部分脱落。烽火台顶部的土层中可见木炭和灰烬,地表散布夹砂红、灰陶片,器形可辨有釜、罐,均为素面。

二、【丝路关联和价值陈述】

别迭里山古时称"拨达岭",是经丝绸之路中路通往西域的要道。别迭里烽燧位于通往别迭里山中的要冲,扼守翻越别迭里达坂北上中亚的通道,唐代以后这里成为从西域前往中亚各国及印度的主要通道,地理位置极为重要,别迭里烽燧因此成为丝绸之路上的重要驿站,见证了商贾和使者经由此处沟通贸易、传递文明,为丝绸之路中路提供了安全保障。

参考文献:
新疆维吾尔自治区文物局.新疆维吾尔自治区长城资源调查报告[M].北京:文物出版社,2014.

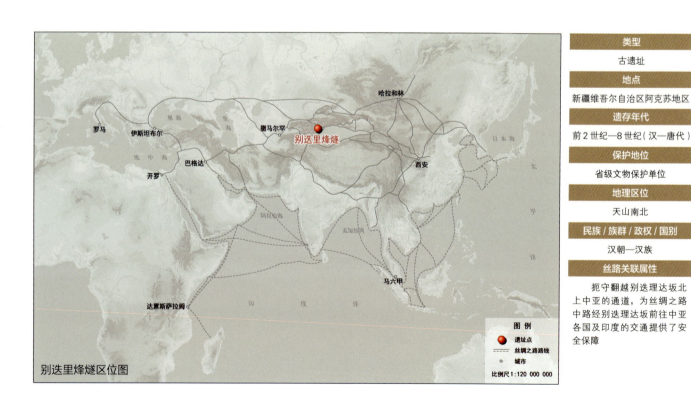

别迭里烽燧区位图

类型
古遗址
地点
新疆维吾尔自治区阿克苏地区
遗存年代
前2世纪—8世纪(汉—唐代)
保护地位
省级文物保护单位
地理区位
天山南北
民族/族群/政权/国别
汉朝—汉族
丝路关联属性
扼守翻越别迭里达坂北上中亚的通道,为丝绸之路中路经别迭里达坂前往中亚各国及印度的交通提供了安全保障

图23-1 别迭里烽燧鸟瞰

图23-2 别迭里烽燧

八卦墩烽燧
Baguadun Beacon Tower

一、【事实性信息】

八卦墩烽燧，是焉耆、龟兹烽燧带的唐代烽燧。位于新疆维吾尔自治区阿克苏地区乌什县乌什镇阿合塔玛扎村三组的都鲁乌呼尔山顶。山势呈东西走向，南侧陡峭，北侧为缓坡，高于地表约120米。始建于唐代。

八卦墩烽燧平面为八角形，每边长2.8～3.2m，占地面积约70m²，残高约3.5m。以土坯砌筑，筑层中夹有直径约12cm的原木。顶部土坯间夹有"井"字形木骨。北壁下有土坯台基，台基东西19.7、南北5m。烽火台东北约30m处山脊上有两道南北向土坯砌筑的墙体，南段长3.5m、宽3.2m、高0.8～1.5m，北段长12m、宽2.5m、高3.5m。出土文物包括青色细砂岩质磨石、有饰纹的夹砂红陶残片、罐身阴影部分为酱色釉彩的夹砂红陶残片等。

二、【丝路关联和价值陈述】

八卦墩烽燧位于别迭里烽燧以东，临近别迭里山口，在唐代丝绸之路中道龟兹通往于阗、碎叶等地的交通要道上。八卦墩烽燧为稳定唐代西域焉耆、龟兹地区的形势，维护西域整体战略局势的安定起到了重要作用，为丝绸之路中道龟兹通往于阗、碎叶等地的交通提供了安全保障。

参考文献：
新疆维吾尔自治区文物局.新疆维吾尔自治区长城资源调查报告[M].北京：文物出版社,2014.

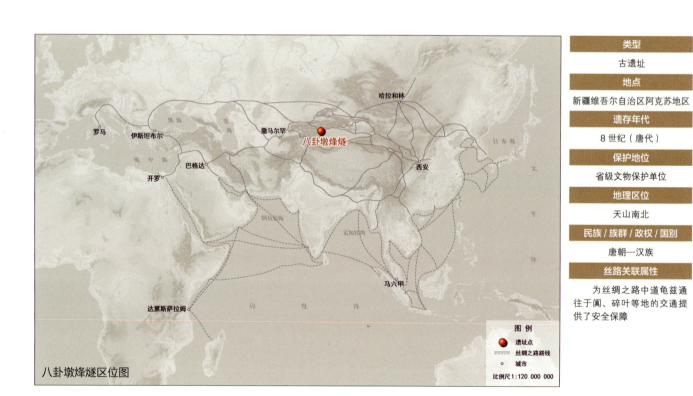

八卦墩烽燧区位图

类型
古遗址
地点
新疆维吾尔自治区阿克苏地区
遗存年代
8世纪（唐代）
保护地位
省级文物保护单位
地理区位
天山南北
民族/族群/政权/国别
唐朝—汉族
丝路关联属性
为丝绸之路中道龟兹通往于阗、碎叶等地的交通提供了安全保障

图24-1　八卦墩烽燧

图24-2　八卦墩烽燧远景 东北向西南

驿 站

悬泉置遗址
Site of Xuanquan Posthouse

一、【事实性信息】

悬泉置遗址，是汉帝国设立在河西走廊地区的重要驿站。位于甘肃省敦煌与瓜州两市县交界处，地处祁连山支脉火焰山北麓的戈壁坡地，南通悬泉谷悬泉水。悬泉置是汉帝国交通体系中设于河西地区的驿置机构之一，其主要功能是传递各种邮件和信息，迎送过往使者、官吏、公务人员和外国宾客。

悬泉置遗址遗存分布面积达 22 500m²，遗址包含汉代悬泉置的完整建筑群落遗迹（包含坞堡、马厩、房屋及坞外附属建筑等），西北角叠压有魏晋时期烽燧遗址，北墙北侧约 20m 处留有汉代古驿道遗迹。其中坞堡坐西向东，呈 50m×50m 正方形院落，东北和西南转角处为方形角楼遗址，四周分布有建筑遗址；马厩遗址位于坞堡南墙外。悬泉置遗址出土文物丰富，包括简牍文书 3 500 余枚、帛书 10 件、纸质文书 10 件、丝织品、农作物及家畜骨骼等，总计达 7 万余件。

二、【丝路关联和价值陈述】

悬泉置遗址是公元前 2 世纪—公元 3 世纪汉帝国设立于河西地区的驿站遗址，它以保存至今的汉代坞堡、房屋、马厩等遗址，揭示了汉代驿置的主要功能和基本格局。简牍明确记载了传马、传车、职官设置，对邮件的封发、传递、签收也作记述。接待诸国使者有乌孙、大宛、楼兰、于阗、龟兹等西域诸国，还有罽宾、乌弋山离、大月氏、康居、祭越、钧耆、披垣等中亚诸国，可为汉帝国大型交通保障体系中的邮驿制度提供特殊的见证。为丝绸之路长距离交通和交流提供了邮驿保障。

悬泉置地处戈壁坡地，北隔西沙窝盐碱滩与疏勒河流域、汉代长城遥遥相望，南通悬泉谷悬泉水，遗址环境展现出位于戈壁的古代驿站在选址上对天然水源的依赖特征，揭示了为穿越戈壁沙漠地带人类对自然环境的依托和利用。

悬泉置遗址出土的记录外国使团过往、汉朝历谱等大量简牍和纸文书、文具，丝绸残片、漆器铜器等生产与生活用品，大麦、苜蓿等农作物，马、骆驼等动物骨骼，直接佐证了丝绸之路上的使团往来、贸易交流、科学技术传播和物产交流活动。

参考文献：
Silk Roads: the Routes Network of Chang'an–Tianshan Corridor[EB/OL]. http://whc.unesco.org/en/list/1442.

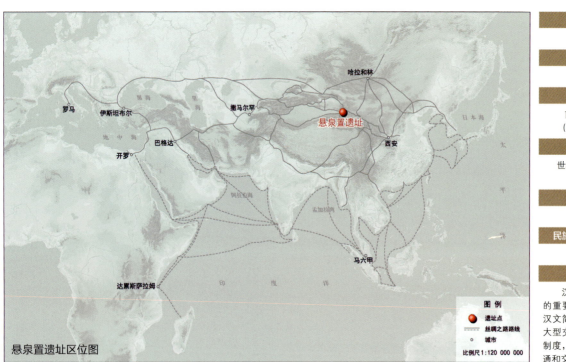

悬泉置遗址区位图

类型
古遗址
地点
甘肃省敦煌市
遗存年代
前 2 世纪—3 世纪（汉代—魏晋时期）
保护地位
世界遗产 / 全国重点文物保护单位
地理区位
河西走廊
民族 / 族群 / 政权 / 国别
汉朝—汉族
丝路关联属性
汉帝国设立在河西走廊的重要驿站遗址，出土大量汉文简牍文书记载了汉帝国大型交通保障体系中的邮驿制度，为丝绸之路长距离交通和交流提供了邮驿保障

图25-1　悬泉置遗址鸟瞰全景

图25-2　悬泉置遗址及三危山支脉火焰山

图25-3　悬泉水

……□敦煌……
……乘，敝，可用。
故完，可用。
第四傳車一乘，敝，可用。
第五傳車一乘，轝完，輪轑敝盡，會楅（輻）四折傷，不可用。
第六傳车一乘，轝左軸折，輪轑折敝盡不可用……
亶（氈）轝一，左軸折
亶（氈）轝一，左軸折
亶（氈）轝一，
陽朔二年閏月壬申朔癸未，縣（懸）泉置嗇夫尊敢言之，謹移傳車
亶（氈）轝薄（簿）一編，敢言之。

7.a.2—5.IT0208②：1-10简册

图25-4　悬泉置遗址出土有关汉代邮驿制度的汉简

图25-5　悬泉置遗址出土帛书

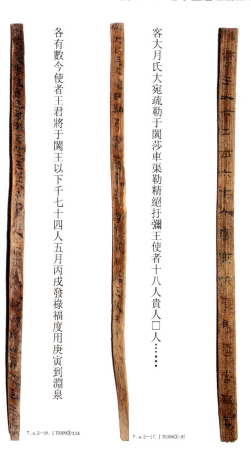

烏孫莎車王使者四人貴人十七獻橐它六匹陽賜記教
□□　　□
　　　　　十九日簿至今不移解何
　　　　A
7.a.2—14.IT0309③：20

永光五年七月癸卯朔丁巳使送于闐王諸國客衛司馬參副衛候臨移敦煌大守一過不足以考功致縣略察長吏居官治狀侍客凢辦者沙頭淵泉盡治所
7.a.2—16.IT0216②：54

各有數今使者王君將于闐王以下千七十四人五月丙戌發祿福度用庚寅到淵泉
7.a.2—18.IT0309③：334

客大月氏大宛疏勒于闐莎車渠勒精絕扜彌王使者十八人貴人□人……
7.a.2—17.IT0309③：97

樓蘭王以下二百六十人當東傳車馬皆當柱敦

图25-6　悬泉置遗址出土反映西域诸国的汉简

图25-7　悬泉置遗址出土泥墙题记《诏书四时月令五十条》

大皇大后詔曰往者陰陽不調風雨不時農自安不勤作□是以數被菑害
□□惻然傷之惟臣帝明王靡不躬天之曆數信執厥中欽順陰陽敬授民時
勸耕種以豐年也蓋重百姓之命也故建羲和立四子□□將以成歲致□憙也
其宜□歲分行所部各郡　　　　　　　　　　　　　／　從事史況

元始五年五月甲子朔丁丑和中普使下部郡大守承書從事下當用者如詔書書
到言

詔條

敬授民時曰揚谷咸趨南畝
・禁止伐木　　謂大小之木皆不得伐令落乃得伐其當伐者
・毋擿剿　　　謂擿剿空實皆不得擿也盡八月草木令落乃時常禁
・毋殺幼蟲　　謂幼少之蟲不爲人害者也盡九月
・毋殺幼　　　謂禽獸六畜懷任有胎者也盡十二月常禁
・毋矢蜚鳥　　謂矢蜚鳥不得懷任有胎者也盡十二月常禁
・毋麛　　　　謂四足之及畜幼少未安者也盡九月
・毋卵　　　　謂蜚鳥與雞卵之屬也盡□□
・毋聚大眾　　
・毋築城郭　　謂聚民□治之允急事若蹟者將繕補
　瘞骼貍骨此　骼謂烏獸之從也□□得築從四月盡七月不得築城郭
・毋侵水澤□陂池□　有肉者爲骨此盡夏
　右孟春月令十一條
　存諸孤
　日夜分雷乃發聲始電蟄蟲咸動開□始　謂雷常以春□之日發聲無三□奮鐸以令兆民養且發聲□
　　　　　　　　　　　　　　四寸乃得以取魚盡□月常禁
　　　　　　　　　　　　　　三日奮鐸以令兆民曰雷□懷任盡其日
　　　　　　　　　　　　　不恭其容止者生子　必有凶
・毋作正事以防農事　　謂興兵正伐以防農事者也盡夏
　右孟春月令十一條　
・毋侵水澤□陂池
・毋焚山林　　　　　　謂燒山林田獵傷害禽獸也蟲草木□□四月盡
　右中春月令五條　　
・修利堤防　　　　　　謂漕浚壅塞開通水道也從正月盡夏
　道達溝瀆　　　　　　謂□□
　開通道路毋有障塞　　謂開通街巷以□□□便民□□從正月盡四月
・毋彈射蜚鳥及張羅鳥它巧以捕逐之　謂逐鳥也□
　右季春月令四條
　義和臣秀羲中臣充等對曰盡力奉行
　繼長增高毋有壞隋
・毋發大眾
・毋起土功　　　　　　謂掘地　氣也□從七月
・毋攻伐
　右中夏月令五條　　　謂垣牆素　均□种主者
・驅獸毋害五穀
・毋大田獵　　　　　　戈□
　右孟夏月令六條　　　謂□□　　　謹關梁塞
・毋□□以染　　　　　謂□□
・毋燒灰　　　　　　　謂聚
・門閭毋□　　　　　　謂□……
　關市毋索　　　　　　謂□□□
・　　　　　　　　　　盡八月

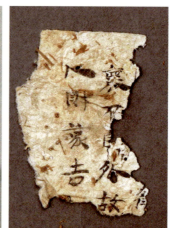

图25-8 悬泉置遗址出土丝织品（左）和纸文书（右）

封检

木蓖

耳杯

封泥

木梳

勺漆

图25-9 悬泉置遗址出土封泥（左）、工具（中）、漆器（右）

屯田

米兰屯田与灌溉遗址
Site of Ancient Reclamation and Canal of Miran

一、【事实性信息】

米兰屯田与灌溉遗址，是汉代在西域的水利灌溉工程与屯田工程遗址。位于新疆维吾尔自治区若羌县东北约 70km，米兰镇东约 6km 处，米兰古城遗址东北方向。始于汉代，至唐代沿用。

灌溉遗迹呈扇形从南向北展开，均匀分布和控制整个米兰古城地区。灌溉范围东西约 6km，南北约 5km。灌溉体系由一条总干渠、七条支渠和许多斗渠、毛渠所组成，干渠正直齐整，沿扇缘地带直伸入米兰河引水；七条支渠均匀地顺地形脊岭，采用双向灌溉；斗、毛渠沿支渠两侧对称开设。其中，干渠全长 8.5km，一般宽 10～20m（含渠堤），渠高 3～10m；支渠总长 28.4km，渠身一般宽 3～5m，渠高 2～4m；斗渠、毛渠阡陌纵横密布于各支渠之间。灌溉范围被戈壁砾石覆盖，其下土壤经考古证明为曾耕种的土地，至今仍有肥力，是古代屯田遗址。灌溉控制面积 4.5 万亩，曾用于农耕的土地约 1.7 万亩。

二、【丝路关联和价值陈述】

米兰遗址地处古罗布泊之南，是汉唐时期沿丝路南道进出中亚的咽喉重镇，古城外的灌渠系统将米兰河水引入米兰古城周边，形成城外屯田灌区。米兰灌溉遗址实证了汉代在楼兰—鄯善国的军垦屯田历史，突出体现了汉代屯田特征。其农业生产不仅支撑了古城的粮食需求，还为丝绸之路南道交通提供了重要的补给保障，并展现了人类对戈壁环境的依托、利用和改造，是干旱地区人类土地利用的杰出范例。

参考文献：
《全国重点文物保护单位》编辑委员会. 全国重点文物保护单位（第一批至第五批）第三卷[M]. 北京：文物出版社，2004.
饶瑞符. 米兰古代水利工程与屯田建设[J]. 新疆地理，1982(Z1):56-61.

米兰屯田与灌溉遗址区位图

类型
古遗址
地点
新疆维吾尔自治区若羌县
遗存年代
前 1 世纪—10 世纪（汉—唐代）
保护地位
全国重点文物保护单位
地理区位
天山南北
民族 / 族群 / 政权 / 国别
楼兰—鄯善国
丝路关联属性
米兰古城外的农业生产区，实证了汉代在楼兰—鄯善国的军垦屯田历史，为陆上丝绸之路沙漠南线的交通和文化交流提供重要的补给保障

屯田 155

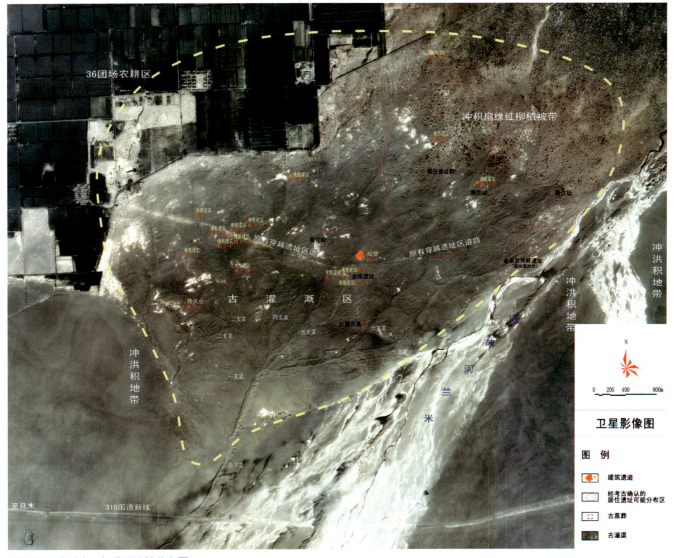

图26-1 米兰屯田与灌溉遗址分布图

图26-2 米兰屯田与灌溉遗址

锁阳城屯田与灌溉遗址
Site of Ancient Reclamation and Canal of Suoyang City

一、【事实性信息】

锁阳城屯田与灌溉遗址，是唐代在河西地区的水利灌溉工程与屯田工程遗址。位于甘肃省酒泉市瓜州县锁阳城镇东南戈壁荒漠中，分布于锁阳城周边区域。锁阳城的考古推测年代约为公元7—13世纪。

锁阳城灌溉水系发源于锁阳城东南51km处昌马冲积扇上缘山口的古河道（汉代称冥水、唐代称籍端水、独利河、苦水，清代称疏勒河），其农业灌溉渠系遗迹包括疏浚工程、拦水坝、干渠、支渠、斗渠、毛渠等，在锁阳城东7km处筑拦水坝，分南、北、中三路向西修渠引水，干渠和支渠的总长度约90km，两侧随形就势修筑了许多斗渠和毛渠，灌溉了锁阳城周边约60km²的耕地。

二、【丝路关联和价值陈述】

锁阳城屯田与灌溉遗址通过人工修建的水利设施将疏勒河水引至城址周边地区，形成农业灌溉渠系及经由移民屯田行为开辟的古绿洲。其农业生产支撑了陆上河西走廊段丝绸之路上千公里的长距离艰难交通，为丝绸之路交通和文化交流提供了重要的补给保障，并展现了长距离交通条件下人类对荒漠戈壁自然环境的依托、利用和改造，是干旱地区人类土地利用的杰出范例。

参考文献：
Silk Roads: the Routes Network of Chang'an–Tianshan Corridor[EB/OL]. http://whc.unesco.org/en/list/1442.

锁阳城屯田与灌溉遗址区位图

类型
古遗址
地点
甘肃省酒泉市
遗存年代
7—13世纪（唐代—西夏）
保护地位
全国重点文物保护单位
地理区位
河西走廊
民族/族群/政权/国别
唐朝—汉族
丝路关联属性
河西走廊大型保障性城址锁阳外的农业生产区，为丝绸之路河西走廊一线的交通和文化交流提供了重要的补给保障

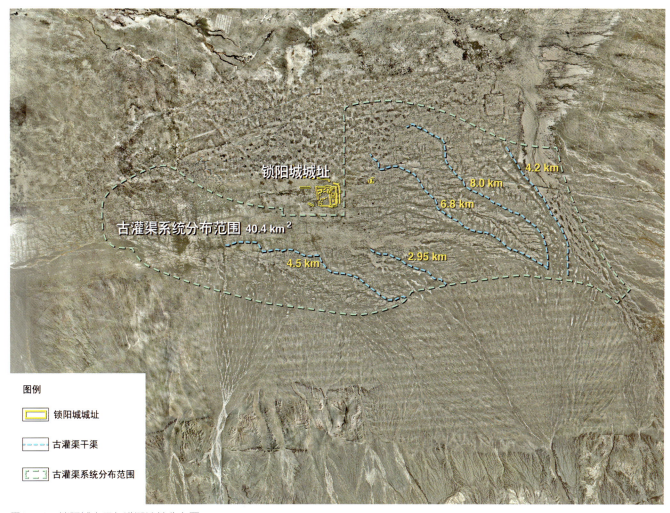

图27-1　锁阳城屯田与灌溉遗址分布图

图27-2　锁阳城屯田与灌溉遗址

图27-3　锁阳城灌溉渠系防护设施遗址

港口设施

石湖码头遗址
Site of Shihu Dock

一、【事实性信息】

石湖码头，是泉州外港码头。位于福建省泉州市城区南郊石狮市蚶江镇石湖村的半岛上，北距泉州城区 27km。相传由唐开元年间（713—741 年）航海家林銮始建，北宋元祐年间（1086—1094 年）在码头左侧建石构顺岸平梁栈桥"通济栈桥"，将海岸与海边的一块巨石相连接成为一个颇具特色的"顺岸码头"，以便装卸货物。石湖码头在宋代后几经维修，现存宋代基础和宋代通济栈桥桥基。

码头呈曲尺状，南北走向，全长 113.50m，曲体长 70m，宽 2.20m，高 2.41m，以花岗岩条石顺海岸砌筑。北宋熙宁元年（1068 年）因其地势险要建水寨于此，石湖寨现尚存长 30 多米、高 2~3m 的石寨墙遗址。

二、【丝路关联和价值陈述】

石湖码头位于泉州外港，是泉州 11—14 世纪海上商贸的重要码头，担负着泉州港水陆转运枢纽的重任。以石湖码头为代表的各外港码头与位于江口的诸多内港码头一起，构成了宋元泉州港鼎盛时期码头设施体系和集群港的格局，反映了泉州港空前繁荣时期独有的风貌。同时，石湖码头东北面正对泉州湾主航道的出海口"岱屿门"，控扼泉州湾南岸，地势险要，北宋水寨与石湖码头相结合形成海防前线，起到重要的军事防御作用。因此，石湖码头既是泉州港的重要码头，又是海防重地，支撑并见证了泉州港海上丝绸之路的繁荣。

类型
古遗址
地点
福建省泉州市
遗存年代
8—14 世纪（唐—元代）
保护地位
全国重点文物保护单位
地理区位
东南沿海
民族 / 族群 / 政权 / 国别
唐朝—汉族
丝路关联属性
海上丝绸之路泉州港外港古代海上商贸的重要码头和海防重地

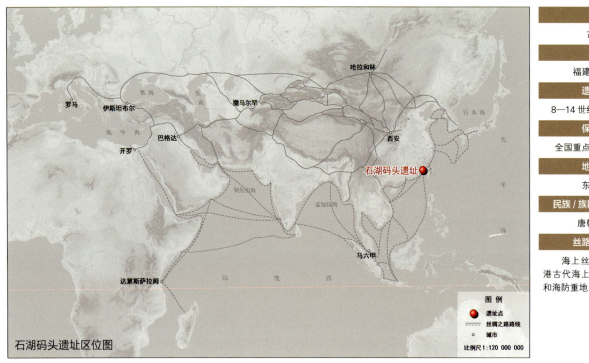

石湖码头遗址区位图

图28-1　石湖码头遗址全景

图28-2　石湖码头遗址鸟瞰

图28-3　石湖码头遗址

图28-4　石湖码头遗址尽端（一）

图28-5　石湖码头遗址尽端（二）

图28-6　石湖码头通济栈桥与巨石连接

图28-7　石湖码头通济栈桥（一）

图20-8　石湖码头通济栈桥（二）

江口码头遗址
Site of Estuary Docks

一、【事实性信息】

江口码头包括美山码头和文兴码头，均为泉州内港法石港的集群商业码头。位于福建省泉州市丰泽区，晋江入海口北岸。始建于宋代，现存码头为宋代原物，两侧驳岸历代均有修缮。

美山码头位于福建省泉州市丰泽区法石社区美山村的南部，码头长 7.75m，由花岗岩条石砌成，临江处筑石构墩台，长 30m，宽 20m，由花岗岩石条"一丁一顺"叠砌而成，台基由下而上渐次内收。墩台东西两侧各附有一条南北走向的石构斜坡式道路向南延伸至江中。由于江底为软基，基础以松木桩（"睡木沉基"）进行加固。

文兴码头位于福建省泉州市丰泽区法石社区文兴村南部，呈南北走向，石构斜坡阶梯的驳岸码头从江岸延伸至江面，码头长 34m，宽 3.50m，由错缝为主的形式砌筑，局部作"丁字头"砌法。由于江底为软基，基础以松木桩（"睡木沉基"）进行加固。文兴码头岸边有宝箧印经塔，为宋代（10 世纪）遗物，该塔为五层花岗岩石构佛塔，高约 2m，平面呈正方形，底座面宽约 0.6m，第二层每面有四尊并列佛坐像，第四层每面有一尊佛头。

此外，码头附近先后发现 12—15 世纪的造船遗址、古船残骸。

二、【丝路关联和价值陈述】

江口码头所处的法石港为内港，位于晋江入海口咽喉地带，是古代泉州最重要、最繁荣的港口之一。美山码头和文兴码头是江海交汇处的江口内港码头，是泉州港的重要门户，有重要的商贸和海防作用。江口码头与地处海口的石湖码头等诸外港码头，共同构成了宋元泉州港鼎盛时期码头设施体系和集群港的格局，反映了泉州港空前繁荣时期独有的风貌，是海上丝绸之路鼎盛时期"东方第一大港"泉州海外交通繁荣的重要历史见证和交通支撑。

此外，码头现保留着以错缝形式为主的砌筑法、构造科学，是宋代码头建筑的珍品。法石港出土的宋代海船为南宋时期泉州的海外交通史、造船史、航海史提供了重要的历史见证和研究资料。

类型
古遗址
地点
福建省泉州市
遗存年代
10—13 世纪（宋代）
保护地位
全国重点文物保护单位
地理区位
东南沿海
民族 / 族群 / 政权 / 国别
宋朝—汉族
丝路关联属性
古泉州港重要的内港商贸码头，支撑并见证了泉州港海上丝绸之路的繁荣

江口码头遗址区位图

图29-1　美山码头遗址鸟瞰

图29-2　美山码头遗址

图29-3　美山码头遗址局部

图29-4　文兴码头遗址鸟瞰

图29-5　文兴码头遗址局部

图29-6　文兴码头遗址宝箧印经塔

怀安窑码头及怀安古接官道码头遗址
Dock of Huai'an Kilns and Dock of Ancient Road for Welcoming Officials to the *Yashu* of Huai'an County

一、【事实性信息】

怀安窑码头及怀安古接官道码头遗址，位于福建省福州市仓山区怀安村北侧，相距仅数十米。始建时间不详，宋代已见记载，使用时间约自唐五代时期开始至明朝。

怀安窑码头北距怀安窑址约100m，是为输出怀安窑所产瓷器产品而修建的码头。码头为突堤式结构，坐东朝西，偏北7°，长15.19m、宽6.62m，占地面积100.56m²。由东侧石平台向西，沿11级石踏跺（石踏跺尺寸410mm×180mm×1 200mm）至码头的主体部分石堤（宽6.62m、长10.68m），南北高差2.97m，由大小不等的条石横铺，重点部位设丁头。

怀安古接官道码头距怀安窑址约150m，作为"怀安衙署遗址与接官道"的一部分，是元代以前海外进口货物及闽江上游物资转运的中转码头。码头为突堤式结构，坐东朝西，偏北3°，长57.03m、宽7.76m，占地面积380.81m²。由东至西为斜坡状长堤，接近西头道面开始收分变窄，南北高差2.16m。条石路基，内素土夯实，上铺横铺条石，大小不一，路基北侧有拱形毛石护基。西头由三块巨大的条石（平均尺寸760mm×350mm×5 630mm）伸入江面，下由墩柱支撑，以泊船只。

二、【丝路关联和价值陈述】

怀安窑址是唐五代时期福州重要的外销瓷窑址，公元9—10世纪，福州港以怀安窑外销瓷器搭建了一条连接东北亚、东南亚的"海上丝绸（瓷器）之路"。怀安窑码头和怀安古接官道码头地处闽江分流处的水上交通要道。其中，怀安窑码头作为怀安窑外销的主要码头，是怀安窑瓷器海外贸易的始发港。怀安古接官道码头既是闽江流域物资出口的中转码头，也是海外货物辗转运达内陆的中转码头。这两个码头作为福州港重要的海外商贸码头，不仅支撑了怀安窑外销瓷的兴盛，也支撑并见证了福州港自唐五代时期开始的海上丝绸之路的繁荣贸易。

怀安窑码头及怀安古接官道码头遗址区位图

类型
古遗址
地点
福建省福州市
遗存年代
约9—16世纪（唐五代时期—明朝）
保护地位
市级文物保护单位
地理区位
东南沿海
民族/族群/政权/国别
唐朝/五代闽国—汉族
丝路关联属性
怀安窑外销瓷始发码头，福州港海外进出口贸易的重要中转码头，支撑并见证了福州港自唐五代时期开始的海上丝绸之路的繁荣贸易

图30-1　怀安窑码头遗址（一）

图30-2　怀安窑码头遗址（二）

图30-3　怀安接官道码头遗址

图30-4　怀安接官道码头遗址道面

图30-5　怀安接官道码头遗址端部条石

迴龙桥及邢港码头
Jionglong Bridge and Xinggang Docks

一、【事实性信息】

迴龙桥及邢港码头，是闽江下游邢港古航道上的交通设施。位于福建省福州市马尾区亭江镇闽安村，闽江西岸。唐末五代闽王王审知始建，南宋郑性之重修，改名飞盖桥，清代后又多次重修[1]。

唐末五代闽王王审知为发展海上贸易、巩固江海防而建造通海大石桥——迴龙桥。迴龙桥为五孔石梁桥，南北走向横跨邢港，长66m，宽4.64m，4座舟形墩，不等跨。两墩之间铺架1m、厚0.8m的石梁5根。桥面两侧护以石栏，栏柱36根。柱头有刻宝盦、莲花、海兽等唐代原构，也有刻狮子戏球等明代构件。桥南端有玄帝亭，与迴龙桥联为一体，亭四角，木构，占地面积53m²，亭内立宋碑刻《飞盖桥》与清碑刻《沈公桥》，其中《沈公桥》碑立于清光绪二十四年（1844年），碑文楷书记载迴龙桥历史沿革："闽安之迴龙桥，造于唐季，宋丞相郑公捐俸重修，以飞盖桥名……"。桥北端用方整石砌驳岸，上建有圣王庙。圣王庙占地面积405m²，坐北向南，依次由跨街亭、圣王殿、观音阁组成。

邢港码头连接迴龙桥，分布于该桥东、西两侧，呈内八字形排列，东西走向，偏北38°，长30.68m、伸出水面部分宽1.43m。码头条石铺面，石面下四出挑金刚石依次向西侧收分，各出挑分别由两层条石铺成，高度约0.65m，底层为横向条石出挑，上层为纵向条石压顶，此种砌法对岸边蓐船十分便利。

二、【丝路关联和价值陈述】

闽安地处控扼福州东部要道的咽喉位置，扼守闽江口，兼备河阔水深的邢港和天然峡谷闽安门，自唐至清历代均为福州与闽东陆路交通及通向外海的重要门户，是福州古代最为重要的军事重镇和海上贸易重镇。

闽安邢港古航道从唐至明清时期都是商船进出福州港的必经之路，大量丝绸、陶瓷、茶叶等从邢港码头运往世界各地。唐代闽安设立税课司衙门，宋代常设关税机构，明代设立闽安税课局，征收外国商船进口货物的税收。明清两代，邢港古航道是福州古港不可替代的第一要港，郑和下西洋船队六次驻泊此地。迴龙桥沟通了邢港南北岸的交通，畅通了闽安镇及周围军事设施的联系。迴龙桥和邢港码头共同支撑并见证了福州港自唐五代时期开始的海上丝绸之路的繁荣盛况。

---

1 康熙十六年（1677年）协镇沈公再修，改名沈公桥。嘉庆、道光年间（1796—1850年）及1922年重修。

迴龙桥及邢港码头区位图

类型
古建筑
地点
福建省福州市
遗存年代
10—20世纪（唐五代时期—清代）
保护地位
省级文物保护单位
地理区位
东南沿海
民族/族群/政权/国别
唐朝/五代闽国—汉族
丝路关联属性
邢港古航道是福州古港最重要的港道，外国商船进口货物的征税点；迴龙桥沟通了邢港南北岸的交通。迴龙桥及邢港码头共同支撑并见证了福州港自唐五代时期开始的海上丝绸之路的繁荣

图31-1 迴龙桥及邢港码头鸟瞰

图31-2 迴龙桥及邢港码头

图31-3　迥龙桥

图31-4　迥龙桥柱

图31-5　迴龙桥船型墩

图31-6　迴龙桥金刚墙

图31-8　邢港码头

图31-7　迴龙桥碑刻（飞盖桥、沈公桥）

月港遗址
Site of Yuegang Docks

一、【事实性信息】

月港遗址，是九龙江下游入海处由港口（地名）沿南港顺流往东，直至海门岛外的一段港道。位于漳州市龙海市海澄镇九龙江岸。月港兴起于明景泰（1450—1456年）年间，是明清时期重要海外贸易港口，明代福建四大商港之一，因其"外通海潮，内接山涧""溪水萦萦如月"，故名月泉港，简称月港。

月港沿九龙江边1km现尚存码头七处，由东向西有响馆码头、路头尾码头、中股码头、容川码头、阿哥伯码头、店仔尾码头、溪尾码头。

响馆码头位于海澄月溪与九龙江交汇处东侧，为当年外船申报进出港临时停泊点。条石台阶结构，伸入月溪口，台阶5级，宽2m，长6m。

路头尾码头位于月溪与九龙江交汇处西侧，地名花坛内，与响馆码头隔月溪相对。为外船内港停泊处。清初施琅水师曾驻此，建有港边花园，故有花坛内之称。条石台阶结构，成弧形，码头遗址长20m，宽2m。

中股码头（又名箍行码头）位于海澄豆巷村港口社中股角落，在路头尾码头之西。主要是搬运豆箍（今称豆饼）上船的码头，又称"箍行"码头。码头由高码头和低码头构成。条石台阶结构，高码头砌石8层，高、低码头相距5m。现高码头已毁，低码头改为条石平铺结构，长35m，宽1.3m。

容川码头位于豆巷村溪尾社，在中股码头之西。条石砌筑，埠头甚大。原为台阶结构，历经多次修筑，长31m，宽3.4m。

阿哥伯码头位于豆巷村溪尾社店仔尾角落，在容川码头之西。条石台阶结构，长3m，宽2m。

店仔尾码头位于豆巷村溪尾社，在阿哥伯码头之西。为当年内地船只主要停泊点。条石台阶结构，长20m，宽2m。

溪尾码头位于豆巷村溪尾社，在店仔尾码头之西。码头岸顶原为溪尾铳城，为船舶接受驻军检验的停泊点。条石台阶结构，长10m，宽2m。

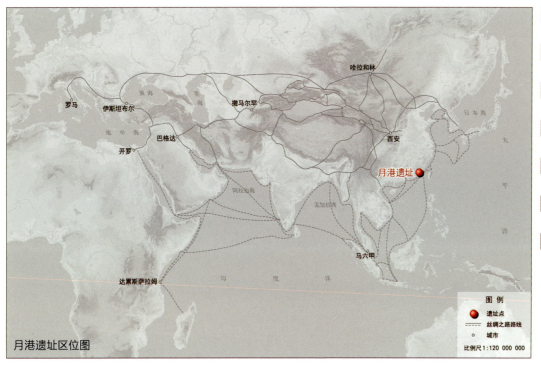

月港遗址区位图

类型
古遗址
地点
福建省漳州市
遗存年代
15—20世纪（明—清代）
保护地位
市级文物保护单位
地理区位
东南沿海
民族/族群/政权/国别
明朝—汉族
丝路关联属性
明代海禁后官方唯一认可的民间外贸口岸，反映出明代月港发达兴盛的海外通商情况，支撑并见证了明代海上丝绸之路的繁荣

二、【丝路关联和价值陈述】

月港是明代中后期至清代前期中国东南沿海海外交通贸易的中心,是这一时期中国海上丝绸之路的重要海外贸易港口。自明隆庆元年(1567年)开海禁以来,漳州月港成为官方唯一认可的民间外贸口岸,并开创了经菲律宾马尼拉至美洲的"海上丝绸之路"新航线,它与东南亚、印度支那半岛以及朝鲜、琉球、日本等47个国家和地区有直接贸易往来,并以菲律宾的吕宋港为中转,与欧美各国贸易,在中国外贸史上占有重要地位。

月港现存的七处码头分工明确、功能合理、流程清晰,反映出当时月港发达兴盛的海外通商情况,支撑并见证了明代海上丝绸之路的繁荣。

图32-1 月港遗址·路头尾码头

图32-2 月港遗址·中股码头

图32-3 月港遗址·容川码头

图32-4 月港遗址·店仔尾码头

图32-5 月港遗址·溪尾码头

尸罗夫港口建筑遗址
Site of Military Complex of Siraf Port

一、【事实性信息】

尸罗夫港口建筑遗址，在考古报告中被记为"建筑 A"（Buildings A）或"仓库"（warehouse），是中世纪波斯湾港口城市尸罗夫港的一处大型仓储与护卫功能综合体遗址。位于伊朗布什尔省（Bushehr）南部的尸罗夫港（Siraf）遗址最西侧的城墙以内，波斯湾东北部。可能建于 10 世纪，11 世纪中叶废弃。尸罗夫是中世纪波斯湾著名港口城市，一度是波斯与印度、中国进行海上贸易的重要中心之一，现存的港口城市遗址可以追溯到萨珊王朝、帕提亚和伊斯兰时代。

建筑遗址东临海岸，平面为矩形，东北—西南方向，长 51m，宽 38m，分为两部分：东部是由小房间围合的庭院，西部是两圈矩形墩（可能是结构柱的基础），建筑入口位于东北端。墙体残高约 2.25m，由未加工的石头和一种特别耐水的砂浆砌筑而成。建筑东南角已因海水侵蚀消失。1933 年斯坦因（M.A.Stein）在尸罗夫的考古调查中将该建筑定义为一个要塞（Fort），并记录其在当地的名字为"Bang-i Sar"，可能是"Band as Bang"的误记，后者意为"港口/海关"，但该建筑的功能尚不确定，考古推测其可能是一处军事综合体，包括仓库、军械库、军营、商队客栈，或其他不确定的功能。

二、【丝路关联和价值陈述】

尸罗夫古港口的繁荣主要源于其在 8 世纪中叶开始的海上丝绸之路长距离贸易中的重要港口作用，其在萨珊王朝和阿拉伯帝国初期一度是波斯与印度、中国进行海上贸易的重要中心之一，将印度洋和中国航线与波斯湾地区的海上航线相连。唐朝开辟广州至波斯湾的航线，贾耽所记"广州通夷道"中的"提罗卢和国"即尸罗夫港。公元 9 世纪的阿拉伯商人苏来曼（Sulaimān）在游记中提到："货物从巴士拉、阿曼以及其他地方运到尸罗夫，大部分中国船在此装货。"唐末至宋代来华的阿拉伯番商中，尤以尸罗夫人居多，大多

尸罗夫港口建筑遗址区位图

类型
古遗址
地点
伊朗布什尔省
遗存年代
8—13 世纪
保护地位
地理区位
西亚，波斯湾东北岸
历史功能
萨珊王朝—波斯人 / 阿拉伯帝国—阿拉伯人
丝路关联属性
8—13 世纪波斯湾著名港口，将印度洋和中国航线与波斯湾地区连接起来，是波斯与印度、中国进行海上贸易的重要中心之一

浮海而来，云集广州，后来又到泉州等沿海城市。尸罗夫港的繁荣延续至 10 世纪，公元 977 年的一场大地震导致尸罗夫港走向衰落，至 13 世纪初只剩下少量居民。

尸罗夫港口建筑遗址作为该港口现存的大型建筑遗址，可能融合了仓储、军队驻扎、商旅客居等功能，提供了港口所需的军事安全和商业活动保障，支撑并见证了尸罗夫港作为中世纪波斯湾的海上丝绸之路贸易港口的地位和繁荣。

参考文献：

黄珊.中世纪波斯湾古港口——尸罗夫港的发现[EB/OL]. http://dsr.nii.ac.jp/narratives/discovery/10/index.html.zh.

Sorna Khakzad, Athena Trakadas, Matthew Harpster, Nicole Wittig: Maritime Aspects of Medieval Siraf, Iran: a pilot project for the investigation of coastal and underwater archaeological remains. The International Journal of Nautical Archaeology (2015) 44: 258–276.

穆根来，汶江，黄倬汉译.《中国印度见闻录》，北京：中华书局，1983.

图33-1　尸罗夫遗址鸟瞰

图33-2　尸罗夫港口建筑遗址

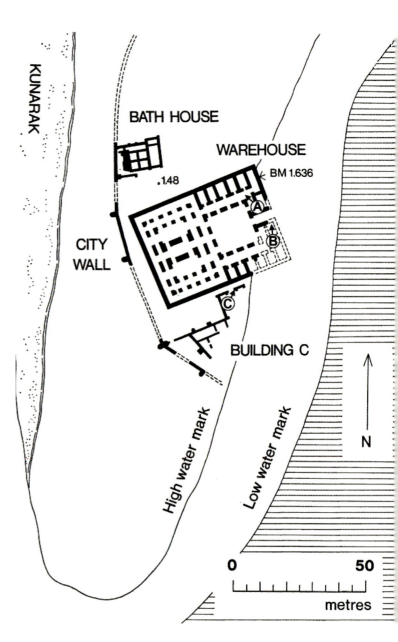

图33-3　尸罗夫港口建筑遗址平面图

永丰库遗址
Site of Yongfeng Warehouse

一、【事实性信息】

永丰库遗址，是宋、元、明三代上下叠压的大型衙署仓储机构遗址，位于浙江省宁波市海曙区，唐宋子成遗址东南部。永丰库前身为南宋"常平仓"，元代改为"永丰库"，明洪武三年更名"宏济库"。

永丰库遗址布局相对完整，以两座元代大型单体建筑基址为核心，砖砌甬道、庭院、排水明沟、水井、河道等与之相互联系。遗址总占地面积约9 500m²，考古勘探面积6 000m²，发掘面积3 500m²。

两处元代建筑基址呈"L"形布局，构造特征相同。1号基址位于南部一个长方形大台基上，台基面积达1 300多m²，建筑基址平面呈长方形，东西56.3m，南北16.7m，占地约940m²，内部被三道南北向隔墙分为四间，间距13.7m。该建筑基址的四周墙体筑法特殊：墙体底部中间紧密排列方形块石，块石中间除东墙两处凿有直径为8cm的圆孔，其余均凿成边长13～16cm、深5～8cm的方槽，块石中心间距0.6～0.9m，组成长方形的建筑基础。东墙清理出的方槽基石两侧用素面砖包砌，部分砖侧面模印或刻划有铭文，其中有"官"字款。2号基址位于遗址东北部。遗址西北部有东西向砖砌甬道，长29m余、宽3m。甬道南北、1号基址以北、2号基址以西有保存完好的砖砌地坪庭院，面积达1 200m²以上，庭院四周有砖砌或石砌排水沟并通向河道。

遗址内汇集了大多数宋元时期江南和中原著名窑系的陶瓷器产品，如越窑、龙泉窑青瓷，景德镇窑系的影青瓷、仿定器、枢府瓷，福建产的影青瓷、白瓷、德化窑白瓷，定窑的白瓷、紫定，建窑的黑釉盏、兔毫盏，以及磁州窑、仿钧窑、磁灶窑和吉州窑等产品，还发现了珍贵的唐代波斯釉陶片。

二、【丝路关联和价值陈述】

永丰库遗址是我国首次发现的古代地方城市的大型仓库遗址，出土的大量外销瓷表明这里在宋元时期曾为重要的外

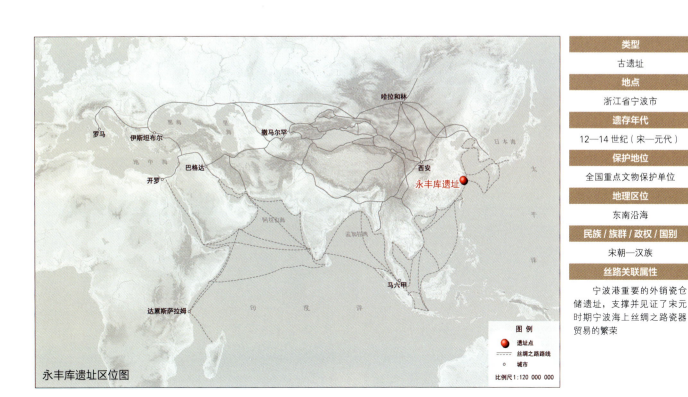

永丰库遗址区位图

类型
古遗址
地点
浙江省宁波市
遗存年代
12—14世纪（宋—元代）
保护地位
全国重点文物保护单位
地理区位
东南沿海
民族/族群/政权/国别
宋朝—汉族
丝路关联属性
宁波港重要的外销瓷仓储遗址，支撑并见证了宋元时期宁波海上丝绸之路瓷器贸易的繁荣

销瓷仓储场所，是见证宋元时期陶瓷对外贸易的重要历史遗迹。其保障了宁波港大量的外销瓷存储需求，支撑并见证了宋元时期宁波海上丝绸之路瓷器贸易的繁荣。

此外，永丰库遗址也是江南地区罕见的大规模的元朝遗迹，其构造独特的建筑遗迹反映出元代仓库的构造特点，对我国仓储类建筑研究提供了极为重要的实例。

参考文献：
《全国重点文物保护单位》编辑委员会.全国重点文物保护单位（第六批）第五卷[M].北京：文物出版社，2004.

图34-1　永丰库遗址全景鸟瞰（由东向西）

图34-2　永丰库遗址东墙基（一）

港口设施　181

图34-3　永丰库遗址东墙基（二）

图34-4　永丰库遗址砖砌甬道

图34-5　永丰库遗址砖砌甬道路面纹饰

图34-6　永丰库遗址砖砌地坪庭院

图34-7　永丰库遗址庭院内水井

图34-8　永丰库遗址庭院边排水沟

图34-9 永丰库遗址礓磋

图34-10 有"官"字款的素面砖

图34-11 永丰库遗址出土物

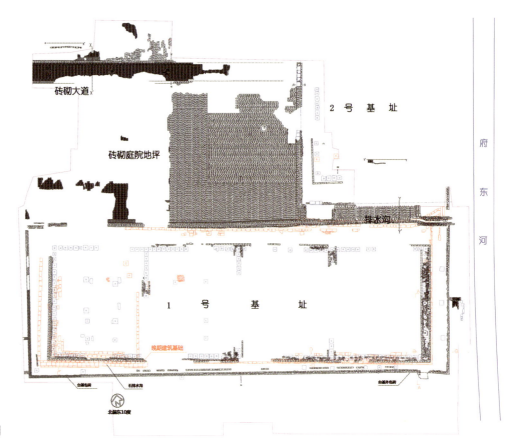

图34-12 永丰库遗址平面图

龙江船厂遗址
Site of Longjiang Shipyard

一、【事实性信息】

龙江船厂遗址，是大型明代船厂遗址。位于江苏省南京市草场门外中保村，西距长江约350m，地处明代龙江宝船厂的中间位置。于明洪武元年（1368年）开厂造船。

20世纪70年代，尚存7条船坞遗址（"作塘"），其中编号一、二、三、七号的作塘居北，编号四、五、六3条作塘居南。目前仅有编号四、五、六3条作塘遗址保存下来，皆呈东北—西南走向，由北向南平行排列，方向62°。对其中第六作塘进行了考古发掘，作塘横截面为上大下小的倒梯形，现长421m，宽41m，在塘底部发掘出34处造船基础遗迹，均位于塘底中心线，除一处外均与作塘堤岸垂直，大部分造船基础有底桩，即"地钉"。

遗址出土文物包括船用构件、造船工具、造船设施构件、造船工人使用的日常器皿等。船用构件包括各种形状的船板，三根超过10m长的舵杆，近百枚石球，四爪铁锚等。造船工具包括铁制的斧、凿、锯、锉、钻、锥、刀等铁工具，长钉、短钉、钯钉、枣核钉等各式铁钉，木制的锤、桨、夯、刮刀、T形撑、尺等木工具，用于填补船缝的油泥坨，及大量棕绳。造船设施构件包括各种木桩和木板。此外还出土水车龙骨残件，应是抽排水设备。

二、【丝路关联和价值陈述】

龙江船厂是国内目前保存面积最大的古代船厂遗址，且是现存唯一的明代皇家建造的造船遗址，郑和下西洋所率船队中许多船只在此建造。明代茅元仪在《武备志》中记载的《郑和航海图》，全称即为《自宝船厂开船从龙江关出水直抵外国诸番图》。从出土遗存来看，龙江船厂打造的海船过千吨级，坚固可靠，反映了明时期海运的发达，为研究我国造船业和造船技术的发展以及明代郑和下西洋的历史事件提供了重要依据。其支持并见证了明代在实施"海禁"的同时，由明朝政府组建的庞大船队，连续沿海上丝绸之路进行友好访问与通商贸易的活动。

参考文献：
华国荣,祁海宁,骆鹏.南京明代宝船厂遗址六作塘考古发掘纪要[J].江苏地方志,2005(03):7-9.
南京市博物馆.宝船厂遗址南京明宝船厂六作塘考古报告[M]//宝船厂遗址,南京明宝船厂六作塘考古报告.北京：文物出版社,2006.
《全国重点文物保护单位》编辑委员会.全国重点文物保护单位（第六批）第五卷[M].北京：文物出版社，2004.

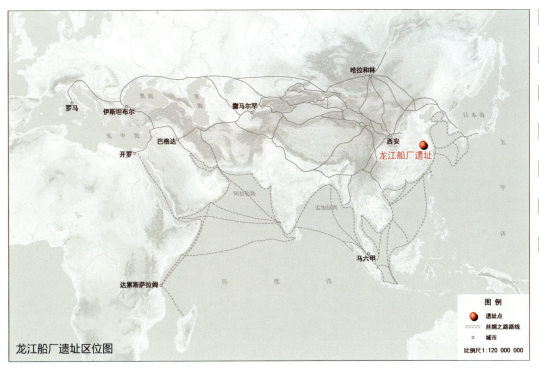

龙江船厂遗址区位图

类型
古遗址
地点
江苏省南京市
遗存年代
14世纪（明代）
保护地位
全国重点文物保护单位
地理区位
东南沿海
民族/族群/政权/国别
明朝—汉族
丝路关联属性
明代重要的官办造船厂，郑和船队船只的建造地点，是明代实施"海禁"的同时，由政府组织船队沿海上丝绸之路进行友好访问和通商贸易的历史见证

图35-1 六作塘发掘后全景(自东向西)

图35-2 六作塘3号遗迹

图35-3　六作塘7号遗迹（自南向北）

图35-4　六作塘8号遗迹（自西向东）

图35-5 六作塘9号遗迹（自西向东）

图35-6 六作塘21、22号遗迹（自北向南）

图35-7 六作塘22号遗迹北半部

图35-8 六作塘24号遗迹(自北向南)

图35-9　六作塘24号遗迹中部底层地钉与龙骨

图35-10　六作塘27号遗迹（自东向西）

| 带圆形穿孔的单件船板 | 单件船板 | 拼合船板 |

图35-11　船板

舵杆

图35-12　舵杆

图35-13　木桨

图35-14　石球

图35-15 T形撑

图35-16 带链铁条

图35-17 U型器

木尺正面

木尺背面

木尺正面

木尺正面局部刻度

图35-18 木尺

图35-19 原木上的铭文

图35-20 木桩

粗细不同的第二类棕绳

棕垫

棕鞋

图35-21 棕质器物

灯 塔

怀圣寺光塔
Minaret of Huaisheng Mosque

一、【事实性信息】

怀圣寺光塔，是清真古寺怀圣寺的寺塔。位于广东省广州市光塔路怀圣寺内。怀圣寺又称"光塔寺"，具体建造年代存在唐代和宋代的争议。

光塔塔高36.3m，底径8.85m，塔身呈圆柱形，青砖砌筑，向上渐有收分，外表以蚬壳灰批荡。塔内于塔心柱与塔壁之间设有两个螺旋形楼梯，双梯盘旋而上，各自直通塔顶，互不相交。塔壁上开内大外小长方形箭窗，塔内光线隐约。塔顶为一平台，平台中央立圆柱形小塔。塔底约低于今天地面2m，考古发现墙砖年代为唐初、宋等不同历史时期，应重建于历代塔楼的基础之上。塔顶原有金鸡，可随风旋转以示风向，明初为飓风所坠。除塔顶为后期改造较大外，对比宋代相关记载[1]，光塔基本样式未产生巨大变化。

二、【丝路关联和价值陈述】

怀圣寺寺塔合一，是唐宋以来沿海上丝绸之路抵达广州贸易以及定居的阿拉伯商人最重要的宗教活动场所，是唐宋时期广州城西"蕃坊"内的标志性建筑。光塔作为中国伊斯兰教的标志性建筑之一，见证了广州地区因海上丝绸之路贸易而来的阿拉伯商人聚居的历史。

唐代光塔街一带是广州内港的主要码头区，因此光塔除宗教象征意义外，还兼具灯塔引航作用。古时每晚塔顶高竖导航明灯，高耸于珠江边，是广州内港重要的港口航标，支撑并见证了广州地区海上丝绸之路的繁荣交通。

---

1 宋岳珂所著《桯史》中记载"高入云端，式度不比他塔，环以甓为大址累而增之，外圆而加灰饰，望之如银笔。下有一门拾级而上，由其中而环转焉如旋螺，外不复见如梯蹬。每数十级启一窦。"

怀圣寺光塔区位图

类型
古建筑
地点
广东省广州市
遗存年代
约7—13世纪（唐—宋代）
保护地位
全国重点文物保护单位
地理区位
南部沿海
民族/族群/政权/国别
隋朝/唐朝—阿拉伯人
丝路关联属性
作为中国伊斯兰教的标志性建筑之一，见证了广州地区因海上丝绸之路贸易而来的阿拉伯商人聚居的历史；作为海上丝绸之路广州港重要的古航标，支撑并见证了广州地区海上丝绸之路的繁荣交通

图36-1　怀圣寺光塔

图36-2　怀圣寺光塔顶部

图36-3　怀圣寺光塔内部螺旋形楼梯及采光小孔

图36-4　怀圣寺光塔寺匾

圣寿宝塔
Shengshou Pagoda

一、【事实性信息】

圣寿宝塔,又名"雁塔""三峰塔""南山塔"等,是宋代佛塔。位于福建省福州市长乐区吴航街道南山。北宋崇宁年间(公元 1102—1106 年)有僧人在南山顶筑台讲经,林安上在此台故址建南山庵,后又有寺僧募缘造七层石塔。明代航海家郑和曾多次出资修葺圣寿宝塔及其三峰塔寺,重修时曾题寺额"三峰塔寺"。

圣寿宝塔坐南朝北,仿楼阁式石塔,平面八角,七层,通高 27.4m,穿心式结构,内设塔梯,外设平座,由塔基、塔身、塔刹三部分组成。全塔用石块叠造,坚固异常,据史料记载,塔经宋德祐元年、元至正二十七年、明成化十一年的三次大地震,仍巍然而立。

二、【丝路关联和价值陈述】

长乐吴航北临闽江口,是进出闽江、东海的一大港口,往来商船货物在此地集散,兴盛一时。明永乐、宣德年间,明代航海家郑和七次下西洋,都在此招募水手,修造船舶,等候风信,扬帆开洋。南山地处闽江海口,靠近东海前哨,地理位置十分重要。圣寿宝塔位于南山山顶制高点,可登高俯瞰吴航四周全景。郑和下西洋往返泊舟于长乐太平港时,圣寿宝塔既是郑和远眺太平港的瞭望塔,也是船队出入太平港的航标塔。因此,圣寿宝塔不仅是闽江海口太平港的重要古航标和瞭望塔,支撑并见证了福州地区海上丝绸之路的繁荣交通,更是郑和船队七次下西洋事件的重要见证。

此外,圣寿宝塔的式样、构造、做法具有浓厚的福建东南沿海地方特点,其雕刻与塑造水平堪称艺术精品,从侧面反映了宋代福建东南沿海经济发展而带动的艺术发展,是研究宋代经济文化和宗教文化交流的重要实物资料。

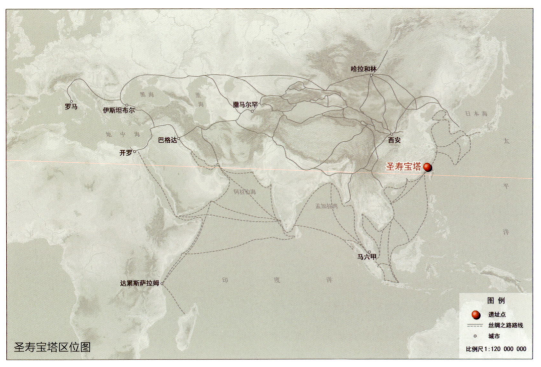

圣寿宝塔区位图

类型
古遗址
地点
福建省福州市
遗存年代
12—15 世纪(北宋—明代)
保护地位
全国重点文物保护单位
地理区位
东南沿海
民族 / 族群 / 政权 / 国别
宋朝—汉族
丝路关联属性
闽江海口重要的古航标和瞭望塔,支撑并见证了福州地区海上丝绸之路的繁荣交通,见证了郑和船队七次下西洋的历史

图37-1　圣寿宝塔全景

图37-2　圣寿宝塔塔身局部

图37-3　圣寿宝塔塔身局部与匾额

图37-4　圣寿宝塔塔基

万寿塔
Wanshou Pagoda

一、【事实性信息】

万寿塔,又名关锁塔、姑嫂塔,是出入泉州湾的主要航标塔。位于福建省石狮市永宁镇塔石村宝盖山山顶。始建于南宋绍兴年间(1131—1162年),清乾隆四十年(1775年)大修。

万寿塔坐东向西,海拔209.6m,为八角五层楼阁式空心石塔,花岗岩筑,通高22.68m,底层面宽3.80m,最上层面宽2.50m,每层之间出檐。底层四周设环廊,塔门朝西南,门前建有石构方形单檐歇山门亭与塔相连。塔体结构为单边筒式,内设石阶环绕而上。塔每层置一拱门,周以回廊、围栏。通塔不事雕饰,古朴粗犷,经17世纪八级大地震仍巍然屹立。

二、【丝路关联和价值陈述】

万寿塔高踞泉州湾海岸的制高点,面向台湾海峡,可以俯瞰泉州湾整个入海口处的广阔海面,是海上丝绸之路来往商船的最主要的航标,被泉州的航海经商者视为故乡的象征。因此,万寿塔成为海上丝绸之路"东方第一大港"泉州港的重要标志之一,支撑并见证了泉州海上丝绸之路航海通商的繁荣。

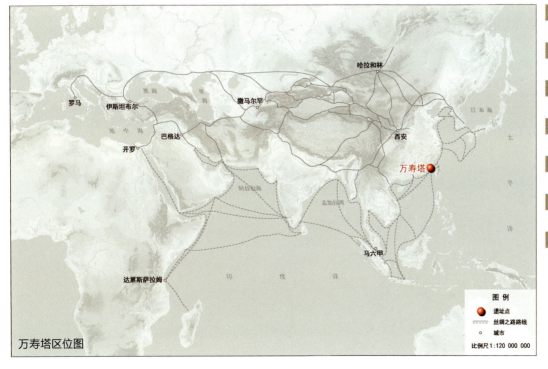

万寿塔区位图

类型
古建筑
地点
福建省泉州市
遗存年代
12—18世纪(南宋—清代)
保护地位
全国重点文物保护单位
地理区位
东南沿海
民族/族群/政权/国别
宋朝—汉族
丝路关联属性
泉州港最主要的古航标之一,支撑并见证了泉州海上丝绸之路航海通商的繁荣

图38-1　万寿塔全景

图38-2　万寿塔（一）

图38-3　万寿塔（二）

图38-4　万寿塔入口

图38-5　万寿塔内部

图38-6　从海面远眺万寿塔

六胜塔
Liusheng Pagoda

一、【事实性信息】

六胜塔,又名石湖塔,是出入泉州湾的主要航标塔。位于石狮市蚶江镇石湖村金钗山,北距泉州市区 27.2km。建于北宋政和元年(1111 年),元至正二年至五年(1336—1339 年)泉州海商凌恢甫在宋代古塔的基础上又有修建。

六胜塔坐北朝南,为八角五层楼阁式花岗石塔,占地面积 425m²,通高 36.06m。塔基周长 47.50m,作须弥座。塔体由塔心、回廊和外壁组成,每层回廊、围栏围绕八角形石构塔心柱,每层各开设四个券形门和四个方形龛,各层门、龛位置上下交错逐层转换。龛内置佛像,龛外两旁浮雕"金刚""力神"等佛教人物共 40 尊,雕饰图案粗犷古朴,形态逼真。塔门刻有"至元丙子"(1336 年),是海商凌恢甫元代修建时的年款。

二、【丝路关联和价值陈述】

石湖港扼泉州湾之要冲,水深港阔,为宋元时期海船避风停泊处。六胜塔三面环海,俯瞰石湖码头,与大、小坠岛之间的岱屿门主航道遥遥相对,是泉州湾主航道的重要航标,在指引船只航行、维护船只安全上起着重大作用,支撑并见证了泉州海上丝绸之路航海通商的繁荣。同时,14 世纪泉州海商凌恢甫独资修建过此塔,充分体现了元代泉州海商经济实力的雄厚,反映了泉州海外贸易的发达繁盛。

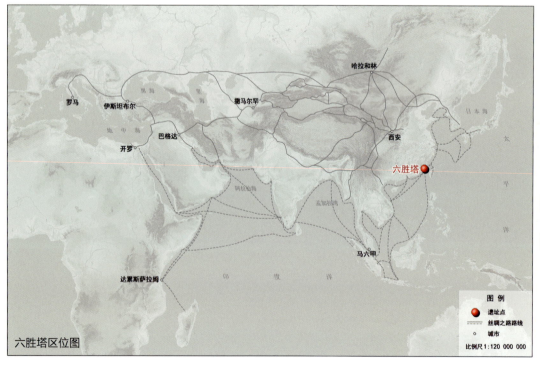

六胜塔区位图

类型
古建筑
地点
福建省泉州市
遗存年代
12—14 世纪(南宋—元代)
保护地位
全国重点文物保护单位
地理区位
东南沿海
民族/族群/政权/国别
宋朝—汉族
丝路关联属性
泉州港最主要的古航标之一,支撑并见证了泉州海上丝绸之路航海通商的繁荣

图39-1 六胜塔全景鸟瞰

图39-2 六胜塔（一）

图39-3 六胜塔（二）

图39-4 六胜塔（三）

图39-5　六胜塔浮雕

巴林贸易港海塔遗址
Site of Sea Tower in Bahrain Trading Port

一、【事实性信息】

巴林贸易港海塔遗址（Site of Sea Tower in Bahrain Trading Port），是迪尔蒙文明（Dilmun）[1]古都巴林遗址附近的港口设施遗址。巴林考古遗址位于巴林王国首都麦纳麦（Manama）以西5.5km，紧邻巴林北海岸，海塔遗址位于巴林考古区西北约1 600m处，临近一条穿过礁石的海道。巴林遗址始建于约公元前2300年，沿用至公元16世纪，沿用约3600年，但海塔遗址的建设和使用时代难以准确判断。

巴林遗址北部的潮间带是一块长约1.5km的古老珊瑚板，其西北部有一处大缺口，并延伸成一条宽约50m的深凹槽形盆地，形成一条贯穿西北—东南的天然海上通道。由于几个世纪的淤积、废弃和近期附近土地开垦影响，如今水道已经不明显，但其面向公海的开口仍非常清晰，海塔遗址就位于这个海上通道的入口的西边缘，仅在低潮时可见。遗迹是一座矩形建筑物，直接坐落于不平坦的珊瑚上，仅存下部，由两层大方石垒砌而成，南北长10.70m，东西宽9.10m，残高约2m。内部填充物为嵌入砂浆的各种石头，并附着有高度固结的陶器碎片。建筑下部和珊瑚礁基底被海洋沉积物黏合在一起。遗址的建设和使用时代难以准确判断，固结在砂浆中的一些陶器碎片可追溯至巴林的希腊化时代"泰洛斯时期"（Tylos / Hellenistic，公元前2世纪至公元1世纪），可能与沿海要塞（Coastal Fortress）的建设有关；但其也可能追溯到更早的古代，因为石块的尺寸和切割方式接近于在巴林遗址看到的迪尔蒙文明早期和中期建筑（约公元前3000年至约公元前1300年）。[2]

二、【丝路关联和价值陈述】

巴林贸易港考古遗址是迪尔蒙（Dilmun）文明的古都，也是这个早已消失的古文明的早期港口。作为商贸中心，巴林通过海上贸易将传统农业地区与早期的印度河谷和美索不达米亚地区（从公元前三千年到公元前一千年），以及晚期的中国和地中海地区（公元3—16世纪）等世界不同地区联系起来。巴林北部的海道首次记录于希腊化时期，老普林尼（Pliny the Eldest）[3]称其为"通往泰洛斯城堡的独特而狭

巴林贸易港海塔遗址区位图

类型
古遗址
地点
巴林王国—北部区域
遗存年代
可能约公元前2世纪—公元1世纪；或约公元前2300年至约公元前1300年
保护地位
世界遗产
地理区位
西亚，波斯湾西南岸
民族/族群/政权/国别
迪尔蒙（Dilmun）、泰洛斯（Tylos）、阿瓦尔（Awal）
丝路关联属性
波斯湾巴林港海塔，支撑并见证了将早期的印度河谷和美索不达米亚，和晚期的中国和地中海等不同区域联系起来的巴林海上贸易

窄的通道"[4]。海道南端构成了巴林的主要港口，海塔遗址地处该海上通道的出入口，可能是灯塔或地标以提示海道的入口，或可能作为警卫塔用于监视海上交通和控制海道的出入。海塔遗址独特的功能以及其毗邻的海道共同见证了巴林漫长的港口城市历史，及其在整个古代海上贸易路线上的重要性。

1　约公元前3000年开始广泛出现于美索不达米亚地区史书中的闪语族国家。
2　根据考古地层，巴林遗址可以分为迪尔蒙早期（Early Dilmun, 公元前2500-1800年）、迪尔蒙中期（Middle Dilmun/Kassite, 公元前1450-1300）、迪尔蒙晚期（Late Dilmun,公元前1000-500年）、泰洛斯时期（Tylos, 公元前2世纪-公元1世纪）、伊斯兰时期（公元14-16世纪）。
3　盖乌斯·普林尼·塞孔都斯（Gaius Plinius Secundus），公元23(或公元24)—公元79，又称老普林尼（Pliny the Eldest），古罗马作家、博物学家，著有《自然史》。
4　见于Pliny, Natural History, VI, 148.

参考文献：
Qal'at al-Bahrain – Ancient Harbour and Capital of Dilmun[EB/OL].
http://whc.unesco.org/en/list/1192.

图40-1　通往巴林贸易港遗址的海道及海塔遗址位置

图40-2　巴林贸易港海塔遗址

航海祭祀遗迹

南海神庙与码头遗址
Site of Nanhai God Temple with Pier

一、【事实性信息】

南海神庙，又称波罗庙，是中国古代祭祀南海神的场所。位于广东省广州市黄埔区庙头村珠江北岸，始建于隋开皇十四年（公元594年），历代官方扩建、增修。

南海神庙坐北向南，沿中轴线自南至北有"海不扬波"石牌坊、头门、仪门和复廊、大殿等等历史建筑。西侧考古发现宋代殿堂式建筑遗址，疑为唐宋时期神庙部分主体建筑位置。庙内现存历代碑刻45块，记录了南海神在海上丝绸之路贸易中所起的庇护神功能，以及海外贸易、外国商人来华贸易居住等内容。

明代石基码头遗址位于南海神庙西南浴日亭所在的章丘南侧山脚，从章丘坡脚顺江岸地势向下倾斜延伸至珠江岸边，全长125m，由官道和小桥、接官亭、埠头构成。官道长110m，宽4.4～4.5m，路面正中铺红砂岩石板，两侧为土路面，两壁有砌筑石块包边和木挡板两种做法。官道北段筑一条小桥，桥面原为平铺石板，现已无存。道路南端与埠头之间设接官亭，仅存基础部分。埠头位于最南端，长条形红砂岩石块砌筑，南北长10.8m，东西宽5.5m，底基宽6.3m，南面有九级台阶，东西也有步级收分。码头和道路两侧均为黑色淤泥堆积，可推测古码头修筑在淤积的滩涂之上，涨水时部分被水淹没。应为元至清海湾河道淤积后各级官员祭祀南海神庙的官用设施。

疑似唐代码头遗址发现于南海神庙两侧的鱼塘附近，为整排的枕木，每条长2m，延伸20m以上，鉴定为海南紫荆木，坚硬异常，经C14测定为晚唐时期遗物，推测为唐代码头。

二、【丝路关联和价值陈述】

南海神庙位于三江水汇聚的"黄木湾"内，自唐代成为广州的外港，称扶胥港，是当时广州出海驶往外域所必经的交通孔道，也是外国货船进入内港前停泊并接受检查的地方。随着海滩淤积，海岸线不断南移，自宋代开始进出广州的商船逐渐改向琶洲，扶胥港逐渐衰落，渐渐成为珠江航道上的内港，但各级官员仍需到南海神庙致祭。南海神庙与码头遗址是唐代扶胥港的码头及历史岸线变迁的证明。

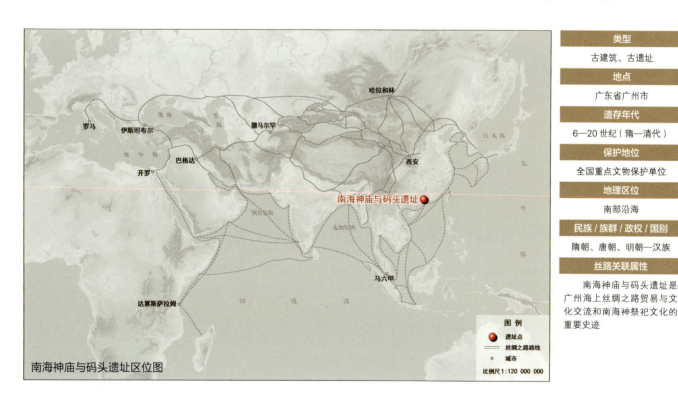

南海神庙与码头遗址区位图

类型
古建筑、古遗址
地点
广东省广州市
遗存年代
6—20世纪（隋—清代）
保护地位
全国重点文物保护单位
地理区位
南部沿海
民族/族群/政权/国别
隋朝、唐朝、明朝—汉族
丝路关联属性
南海神庙与码头遗址是广州海上丝绸之路贸易与文化交流和南海神祭祀文化的重要史迹

南海神庙作为祭祀南海神的大型神庙，既是古代官方祭祀海神的场所，也是中外商客在出航前后祭拜的地方。神庙内的历代碑刻从多个角度反映了南海神庙附近由海上丝绸之路带来的中外客商云集的盛况，以及东南亚各国通过海上丝绸之路来华朝贡贸易的历史。其设立、扩建、多次册封与祭祀反映了历代朝廷及沿海居民对海上交通的重视，见证了因海上贸易而产生的独特的海神信仰文化现象，和由此衍生的航海祭祀体系。

图41-1　南海神庙"海不扬波"牌坊

图41-2　南海神庙头门

图41-3 南海神庙礼亭和大殿

图41-4 南海神庙章丘

图41-5 唐《南海神广利王庙碑》拓本

图41-6 北宋开宝六年（973年）《大宋新修南海广利王庙之碑》拓本

图41-7　南海神庙西侧宋代殿堂式建筑基址

图41-8　宋代殿堂式建筑基址内方形石池

图41-9 明代石基码头遗址官道北段

图41-10 明代石基码头官道北段砌筑

图41-11 明代石基码头官道南段木挡板及木桩

图41-12 明代码头平桥流水

218　丝路遗迹·交通篇

图41-14　明代码头接官亭基础

图41-15　明代码头埠头边侧收分起级

图41-13　明代码头全景

宋代"大吉"瓦当

宋代"庙"字底陶器残片

宋代青瓷碗

明代码头接官亭出土石构件

图41-16　南海神庙古遗址出土文物

真武庙
Zhenwu Temple

一、【事实性信息】

真武庙,是祭祀海神真武大帝的庙宇。位于福建省泉州市丰泽区法石社区,毗邻文兴码头,依山面海。真武庙始建于北宋乾德五年至开宝六年间(967—990年),清代重建。

真武庙坐东朝西,占地面积3 000m²,建筑面积400多m²。主体建筑有山门、凉亭、大殿等。其主体格局形成于宋代,保存有宋代的石质建筑基础、台基、部分铺装、宋代雕刻的石狮等,现存木构建筑多为清代按原貌修建,具有闽南传统建筑特色。大殿供奉海神真武大帝,以石刻"七星剑"和重檐八角凉亭分别象征海神真武的"武"和"威"。

二、【丝路关联和价值陈述】

真武庙是祭祀海神真武大帝的重要庙宇,在10至13世纪,泉州官员每年都在这里举行祭海仪式。祭海仪式与九日山的祈风仪式相呼应,是完整航海祭祀体系的一部分。真武庙见证了泉州湾地区因海上贸易而产生的独特的海神信仰文化现象和由此衍生的航海祭祀体系。

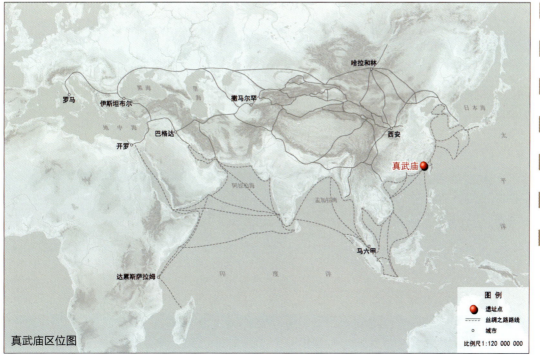

真武庙区位图

类型
古建筑
地点
福建省泉州市
遗存年代
10—19世纪(北宋—清代)
保护地位
全国重点文物保护单位
地理区位
东南沿海
民族/族群/政权/国别
宋朝—汉族
丝路关联属性
历代官方祭祀海神真武大帝的神祠,是泉州湾地区因海上丝绸之路贸易而产生的海神信仰和航海祭祀体系的重要史迹

图42-1 真武庙

图42-2 真武庙山门

图42-3 真武大殿

图42-4 真武庙凉亭与吞海石碑

九日山祈风石刻
Jiuri Mountain Wind-Praying Inscriptions

一、【事实性信息】

九日山祈风石刻，是祈风典礼的石刻文字记录。位于福建省泉州城区西郊南安市丰州镇旭山村九日山。最早的石刻刻于南宋淳熙元年（1174年），最晚的刻于南宋咸淳二年（1266年）。

九日山祈风石刻共10方。其中，记载冬季启航祈风的有6方：南宋虞仲房等祈风石刻、南宋司马伋等祈风石刻、南宋倪思等祈风石刻、南宋赵师耕等祈风石刻、南宋谢埴等祈风石刻、南宋赵希侘等祈风石刻；记载夏季回航祈风的有3方：南宋章梴等祈风石刻、南宋颜颐仲等祈风石刻、南宋方澄孙等祈风石刻；记载一年两季祈风（启航和回航祈风）的有1方：南宋林枅等祈风石刻。

二、【丝路关联和价值陈述】

航海帆船需要风力驱动，每年冬季泉州湾风向转北，各国船只可以借势从泉州湾出海，夏季泉州湾风向转南，各国船只乘风可以到达泉州湾登陆，故12—13世纪每年夏四月和冬十月，管理海外贸易的市舶司官员和地方军政长官主持在九日山延福寺昭惠庙举行向海神通远王祈求航海顺风的典礼，典礼结束后在九日山撰文题刻以志纪念，即成为九日山祈风石刻。其作为泉州地方政府主持航海祈风祭祀活动的石刻文字记录，是现存唯一的古代中国官方有关航海事宜举行国家祭典的真实记录，体现了中国官方对发展海外贸易的高度重视，以及海洋贸易管理制度的成熟，是古代航海祭祀体系的重要物证，也反映了顺应自然、独具特色的东方海洋文化，是当时海上丝绸之路泉州港海外贸易繁盛的独特见证。

九日山祈风石刻区位图

类型
古遗址
地点
福建省泉州市
遗存年代
12—13世纪（南宋）
保护地位
全国重点文物保护单位
地理区位
东南沿海
民族/族群/政权/国别
宋朝—汉族
丝路关联属性
现存唯一的古代中国官方有关航海事宜举行国家祭典的真实记录，体现了泉州地区海洋贸易管理制度的成熟，是泉州湾地区因海上丝绸之路贸易而产生的航海祭祀体系和海洋文化的重要史迹

图43-1　九日山题刻

图43-2　东峰石刻群

图43-3 九日山祈风石刻鸟瞰

图43-4 西峰石刻群（一）

图43-5 西峰石刻群（二）

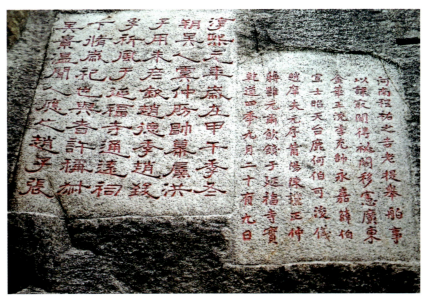

图43-6　南宋虞仲房等祈风石刻

图43-7　南宋司马伋等祈风石刻

图43-8　南宋林枅等祈风石刻

图43-9　南宋倪思等祈风石刻

图43-10　南宋章棣等祈风石刻

图43-11　南宋颜颐仲等祈风石刻

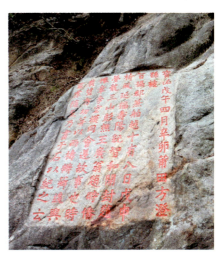

图43-12　南宋方澄孙等祈风石刻

图片来源

主旨论文图片来源

图1~图9、图12~图14、图16~图18、图21由遗产地保护管理机构提供
图10由遗产地保护管理机构、中国建筑设计研究院有限公司建筑历史研究所提供
图11引自：新疆维吾尔自治区文物局.新疆维吾尔自治区长城资源调查报告[M].文物出版社,2014.
图15由中国建筑设计研究院有限公司建筑历史研究所提供
图19由陈凌提供
图20、图22、图23由陈英杰提供

遗产点图片来源

图1-1~图1-10由遗产地保护管理机构提供
图2-1~图2-2由www.fotoe.com提供，"图虫创意"授权使用
图2-3引自《全国重点文物保护单位》编辑委员会.全国重点文物保护单位（第一批至第五批）第三卷[M].北京：文物出版社,2004.
图2-4中国建筑设计研究院有限公司建筑历史研究所提供
图3-1、图3-3、图3-4由陈英杰提供
图3-6由李文博提供
图3-2、图3-5、图3-7~图3-14由中国建筑设计研究院有限公司建筑历史研究所提供
图4-1~图4-9由遗产地保护管理机构提供
图5-1由余生吉提供
图5-2、图5-4、图5-5由中国建筑设计研究院有限公司建筑历史研究所提供
图5-3、图5-6由遗产地保护管理机构提供
图6-1、图6-3由李文博提供
图6-2、图6-4、图6-5由遗产地保护管理机构提供
图7-1、图7-2由"视觉中国"授权使用
图7-3、图7-4由中国建筑设计研究院有限公司建筑历史研究所提供
图7-5引自吴礽骧 河西汉塞调查与研究[M]. 北京：文物出版社, 2005.
图8-1由"阿克苏数码摄影网"提供
图9-1~图9-5由遗产地保护管理机构提供
图10-1、图10-2、图10-4~图10-7、图10-9由中国建筑设计研究院有限公司建筑历史研究所提供
图10-8引自吴礽骧 河西汉塞调查与研究[M]. 北京：文物出版社, 2005.
图10-3、图10-10由"爱塔传奇"提供
图11-1~图11-6由中国建筑设计研究院有限公司建筑历史研究所提供
图11-7引自吴礽骧 河西汉塞调查与研究[M]. 北京：文物出版社, 2005.
图12-1~图12-3由李文博提供
图12-4~图12-9由中国建筑设计研究院有限公司建筑历史研究所提供
图13-1~图13-3由中国建筑设计研究院有限公司建筑历史研究所提供
图13-4~图13-8引自新疆维吾尔自治区文物局.新疆维吾尔自治区长城资源调查报告[M].文物出版社,2014.
图14-1、图14-2、图14-4、图14-5、图14-7~图14-9由遗产地保护管理机构提供
图14-3、图14-6由李文博提供
图15-1引自祁小山，王博. 丝绸之路·新疆古代文化[M]. 新疆人民出版社, 2008.
图15-2引自新疆维吾尔自治区文物局.新疆维吾尔自治区长城资源调查报告[M]. 北京：文物出版社,2014.

图15-3、图15-4由陈凌提供
图16-1~图16-4由遗产地保护管理机构提供
图17-1、图17-2由山东图片库签约摄影师侯贺良提供
图17-3由"视觉中国"授权使用
图17-4~图17-9由中国建筑设计研究院有限公司建筑历史研究所提供
图18-1~图18-13由中国建筑设计研究院有限公司建筑历史研究所提供
图19-1~图19-13由遗产地保护管理机构提供
图20-1~图20-11引自新疆维吾尔自治区文物局.新疆维吾尔自治区长城资源调查报告[M]. 北京：文物出版社,2014.
图21-1、图21-3由遗产地保护管理机构提供
图21-2、图21-4~图21-10由陈凌提供
图22-1~图22-12由陈凌提供
图23-1、图23-2由陈凌提供
图24-1由陈凌提供
图24-2引自新疆维吾尔自治区文物局.新疆维吾尔自治区长城资源调查报告[M]. 北京：文物出版社,2014.
图25-1~图25-9由遗产地保护管理机构提供
图26-1~图26-2由中国建筑设计研究院有限公司建筑历史研究所提供
图27-1~图27-3由中国建筑设计研究院有限公司建筑历史研究所提供
图28-1、图28-2、图28-4由陈英杰提供
图28-3、图28-5~图28-8由中国建筑设计研究院有限公司建筑历史研究所提供
图29-1、图29-4、图29-5由陈英杰提供
图29-2、图29-3、图29-6由中国建筑设计研究院有限公司建筑历史研究所提供
图30-1~图30-5由中国建筑设计研究院有限公司建筑历史研究所提供
图31-1~图31-8由遗产地保护管理机构提供
图32-1~图32-5由遗产地保护管理机构提供
图33-1由www.sciencesource.com提供
图33-2、图33-3引自：Sorna Khakzad, Athena Trakadas, Matthew Harpster, Nicole Wittig: Maritime Aspects of Medieval Siraf, Iran: a pilot project for the investigation of coastal and underwater archaeological remains. The International Journal of Nautical Archaeology (2015) 44: 258–276.
图34-1~图34-12由遗产地保护管理机构提供
图35-1~图35-20引自南京市博物馆.宝船厂遗址南京明宝船厂六作塘考古报告[M]//文物出版社,2006.
图36-1~图36-4由遗产地保护管理机构提供
图37-1~图37-4由中国建筑设计研究院有限公司建筑历史研究所提供
图38-1~图38-3、图38-6由陈英杰提供
图38-4、图38-5由中国建筑设计研究院有限公司建筑历史研究所提供
图39-1~图39-4由陈英杰提供
图39-5由中国建筑设计研究院有限公司建筑历史研究所提供
图40-1、图40-2引自：世界遗产Qal'at al-Bahrain – Ancient Harbour and Capital of Dilmun[EB/OL]. http://whc.unesco.org/en/list/1192
图41-1~图41-16由遗产地保护管理机构提供
图42-1~图42-3由陈英杰提供
图42-4由中国建筑设计研究院有限公司建筑历史研究所提供
图43-1、图43-2、图43-5、图43-7~图43-12由中国建筑设计研究院有限公司建筑历史研究所提供
图43-3、图43-4、图43-6由陈英杰提供